Hendrik Heuser
Geschichten vom Rosenheimer Herbstfest

Hendrik Heuser

Geschichten vom
ROSENHEIMER
HERBSTFEST

Edition Förg

Die in dieser Sammlung vereinigten »Wiesn-Streiflichter« und Glossen zum Rosenheimer Herbstfest stammen alle aus dem Oberbayerischen Volksblatt. Den Igel hat Frau Gerda Feder aus Miesbach gezeichnet. Er ist seit vielen Jahren als »Redaktionsigel Ignaz« ein treuer Begleiter der Wiesnberichterstattung im Oberbayerischen Volksblatt.

Der Verlag dankt dem Wirtschaftlichen Verband Rosenheim für die freundliche Unterstützung.

© 2004 Edition Förg der Buchhandlung Förg GmbH, Rosenheim

Titelbild: Logo des Rosenheimer Herbstfestes, Zeichnung von Anton Felder, © Wirtschaftlicher Verband Rosenheim
Satz: hanseatenSatz-bremen, Bremen
Druck und Bindung: Oldenbourg Taschenbuch GmbH, Hürderstraße 4, D-85551 Kirchheim

ISBN 3-933708-07-9

Inhalt

Wie alles begann

Geboren wurde die Idee zu diesem Bändchen auf dem Herbstfest – wo sonst? Verleger Klaus Förg saß eines Abends im Flötzinger-Festzelt ein paar Reihen neben mir und musterte mich mehrmals mit einem prüfenden Blick. Ich merkte, er führte etwas im Schilde, und irgendwie hatte das mit mir zu tun, der ich gerade in meiner Tätigkeit als »Wiesnigel«, als fliegender Reporter des Oberbayerischen Volksblattes, Material für die »Wiesn-Streiflichter« sammelte. Bald saßen Klaus Förg und ich bei zwei Maß Bier zusammen, und Förg ließ die Katze aus dem Sack: »Ich könnte mir gut ein kleines Buch über die Wiesn mit Anekdoten vom ›Wiesnigel‹ fürs nächste Jahr vorstellen«, schlug er vor. Darauf ging ich ein. Ich sichtete mein gesammeltes Material, der Verlag »Oberbayerisches Volksblatt« gab seine Zustimmung – und so entstand dieses Bändchen über Begebenheiten am Rande eines der schönsten Volksfeste Bayerns, des Rosenheimer Herbstfestes.

Manch einer wird sich oder Bekannte darin wiederfinden, wird sich möglicherweise an den einen oder anderen schönen Abend auf der Rosenheimer Wiesn erinnern. Bilder werden vor dem geistigen Auge wieder aufleben, die schon längst vergessen schienen.

25 Jahre ist es her, dass ich erstmals auf dem Herbstfest war. Damals begann ich, als Praktikant, dann Volontär und schließlich Redakteur des OVB, die kleinen Begebenheiten der Wiesn aufzuzeichnen und wiederzugeben – wie viele meiner Kollegen.

Seitdem liebe ich dieses oberbayerische Familienfest, das zum Glück so gar nichts von der internationalen Gigantomanie des Münchner Oktoberfestes an sich hat. Es ist im besten Sinne ein klassenloses Vergnügen der Rosenheimer und ihres Umlandes, weltoffen für Besucher, mit Herz für Kinder und Familien und für die Alten. Letztere können oft herrliche Geschichten von längst vergessenen Zeiten der Wiesn erzählen.

Die 16 Tage, die unsere Rosenheimer Wiesn dauert, sind ebenso schön wie anstrengend – ein großer Schmelztiegel des Rosenheimer Landes. Und wer nicht ständig dabei ist, der hat etwas verpasst. Hier gilt die »bierolympische Idee« der Rosenheimer: Bei der Wiesn dabei zu sein ist alles! Und deswegen gehört es sich auch nicht, während der Herbstfestzeit ohne triftigen Grund zu verreisen – es sei denn, man wohnt außerhalb und reist zur Wiesn nach Rosenheim ...

Dies und das
zur Wiesn-Entwicklung

Werfen wir nun zu Anfang ein paar Streiflichter auf die Wiesn, um uns dem Thema zu nähern und es einzukreisen. Dazu gehört auch, wie sich die Wiesn so entwickelt von Jahr zu Jahr.

Auch sie ist der Mode unterworfen: Jährlich wechseln die Trends, seit einigen Jahren hat die echte Tracht harte Konkurrenz durch die »Landhausmode« und durch die »Bierfestgwander« bekommen. Auch die Luftballons ändern sich immer wieder: Metallfolien kamen auf, über den Köpfen der Herbstfestbesucher schweben jedes Jahr andere Tiere – Wale, Dalmatiner oder Dinosaurier beherrschen den Luftraum über den Biertischen.

Foto: Hendrik Heuser

Bei der ersten Wiesn, die ich als Praktikant beim OVB miterlebte, entstand dieses Foto: Alfons Döser, seit 1979 Alleingeschäftsführer der Buchdruckerei und des Verlags Oberbayerisches Volksblatt, kam mit Krücken aufs Herbstfest. Er hatte sich den Fuß gebrochen – allerdings nicht auf der Wiesn, sondern auf einer Treppe des Eisstadions, wo er den 4:4-Ausgleich der Rosenheimer gegen den SC Riessersee wohl zu heftig bejubelt hatte. Der Gipsfuß hinderte ihn nicht, seine Präsenz als Zweiter Vorsitzender des Wirtschaftlichen Verbandes zu beweisen.

September 1980

Jetzt können es alle an einer Hand abzählen: Der Countdown zur Herbstfesteröffnung befindet sich in der Endphase. Die halberten Hendl stehen bei Fuß, soweit das bei einem einbeinigen Vogel möglich ist, die Steckerlfisch' Flosse bei Flosse, und die Biergroßbehälter, »Container« genannt, sind bis zur Halskrause voll Wiesnmärzen, damit es reibungslos in die Bevölkerung umgefüllt werden kann.

Gestern Abend, draußen auf dem Balkon, fächelte mich schon die leichte Kühle des Herbstes an. Während wir immer damit hadern, dass Weihnachten grün und Ostern weiß ist, obwohl sich das Wetter anhand des traditionellen Liedgutes genau umgekehrt zu verhalten hätte, beginnt das leichte »Herbsteln« zum Rosenheimer Wiesnbeginn immer ganz zuverlässig. Aus is' mit dem Hochsommer; für die älteren Herrschaften müssen bereits Wolljacken bereitgelegt werden, damit es morgens nicht ein böses Erwachen mit steifem Hals oder Rückenbeschwerden gibt.

Die Badesachen werden, außer von ein paar ganz Unentwegten, spätestens nach dem Herbstfest ins hinterste Eck verräumt, dafür haben wieder Rucksack und Bergschuhe Konjunktur. Es beginnt die Zeit der »geschenkten Tage«, wenn sich das Thermometer mittags noch über die 25-Grad-Marke erhebt. Jetzt heißt es Sonnenstrahlen bunkern für den Rest des Jahres – und wenn es nur mittags beim Herbstfest ist, unterstützt von einer frischen Maß und einem halben Hendl im Freigelände.

Samstagmittag ist es, er hockt auf dem überdachten Kleinbalkon seiner Mietwohnung und ist in die Heimatzeitung vertieft. Plötzlich, exakt 13.50 Uhr, ein heftiger Regenguss. Ach ja, denkt er, gleich beginnt der Festzug zur Wiesn, da muss es ja eigentlich tröpfeln. Immerhin hat Petrus nach drei Minuten ein Einsehen und schließt wieder seine Schleusen.

Da – was ist das? Ein ganz besonderer Geruch spielt ihm um die Nase. Der Regenschauer hat diesen Nasenschmeichler wohl verwirbelt – es duftet nach gebrannten Mandeln, begleitet von einem Aroma aus Brathendln und Steckerlfischen. Er springt auf, zieht sich um und eilt in Richtung Herbstfestwiese. Da stehen sie schon, tausende von Schaulustigen, und er taucht ein in die Masse, wird ein Teil von ihr, aufgesogen von der allgemeinen Erwartungshaltung, trotzt schirmlos einem weiteren Schauer.

Ein kurzer Rundgang vermittelt den Eindruck der Ruhe vor dem Ansturm. Fahrgeschäfte probieren ihre Menschenschleuder-Maschinen nochmal ohne Publikum aus, erste Brathendl drehen sich bereits am Spieß, einige Steckerlfische brutzeln schon über der glimmenden Holzkohle. Wie die Marathonläufer vor dem Start stehen die Bedienungen in einem dichten Pulk vor dem Ausschank. Aber es fließt noch kein Tropfen Bier.

Dumpfes Trommeln, helles Pfeifen – die Musik zieht ein. Immer mehr Musikgruppen füllen den Platz vor dem »Glückshafen«, dessen weit gespanntes Dach der darunter stehenden Prominenz den Schirmherrn macht.

Schließlich zwei Pferde mit einer Kutsche. Darin sitzen der Verbandsvorsitzende des Wirtschaftlichen Verbands, der Oberbürgermeister und der Landrat.

»Meine lieben Damen und Herren«, beginnt der Verbandsvorsitzende ins Mikrofon zu sprechen, und weil er »liebe Pferde« vergessen hat, erntet er sofort ein deutliches Protestgewieher von einem stattlichen Ross. Schmunzeln auf allen Gesichtern – das ist Herbstfestatmosphäre. Und bald ertönt das erlösende Zauberwort: »O'zapft is'.«

August 1995

»**Des werd i' scho' kontrollieren,** ob die Besucherzahlen, die mei' Nachfolger, der Aberger-Robert, rausgibt, auch stimmen«, sagte der frühere Geschäftsführer des Wirtschaftlichen Verbands, Werner Zimmermann, und bezog mit Strichliste Position auf einem Kutschbock. Beim Wiesnaufbau war der »Kalkulator«, der sich jetzt als »Wiesn-Hausmeister« bezeichnet, wie eh und je unterwegs, um Schausteller einzuweisen, für die richtigen Abstände zu sorgen und vieles mehr. Den Anweisungen von »Ihrer Umtriebigkeit« wird kraft deren natürlicher Autorität und einer weit tragenden Stimme meist widerspruchslos gefolgt.

September 2003

Die Wiesn des Jahres 2003 ist die 142. in Rosenheim – so die offizielle Lesart. Ein verdienter Herbstfestbesucher und Bierfetischist, der Rosenheimer WIR-Stadtrat Franz Weiland, hat sich die Mühe gemacht, in historischen Unterlagen nachzublättern, wie oft das Rosenheimer Herbstfest seit dem ersten Mal vor 142 Jahren, also seit 1861, wirklich stattgefunden hat. Wegen Kriegsein- und nachwirkungen fiel es nämlich öfter aus. Und so kam Weiland auf die aktuelle Zahl. Es ist die 73. Wiesn in Rosenheim. Weil ihn das Blättern in den staubigen Folianten so durstig gemacht hatte, erhielt er vom Wiesnigel Ignaz in Anerkennung der Recherche eine Biermarke überreicht.

September 2003

Das Herbstfest scheint heuer sogar Besucher anzulocken, die schon lange nicht mehr auf die Wiesn gegangen sind. Das war jedenfalls der Eindruck einer Bedienung im Auer-Bräu. Eine ältere Dame, die eine Maß gefordert hatte, legte der Maria einen »Zwickl« hin und meinte mit einem Anflug von Großzügigkeit: »Stimmt scho'!« Die gute Maria fühlte sich an ihre Jugendzeit erinnert: Als sie vor zwanzig Jahren anfing, kostete die Maß 1,90 Mark. Vermutlich hatte die vermeintlich großzügige Herbstfestbesucherin dieselbe Brille wie 1961 auf und hatte den Zwickl mit einem Fünfer verwechselt.

September 1981

Ganz in Tracht gewandet zeigte Antennen-Unternehmer Anton Kathrein einem Gast aus Ostfriesland das Herbstfest. In der Auer-Box ging es hoch her, und das Nordlicht fand großen Gefallen an dieser bayerischen Einrichtung. »Ich zweifle, ob wirklich die Skandinavier die Sauna erfunden haben«, sinnierte der Gast schwitzend nach der dritten Maß. »Jedenfalls ist das hier die größte Massen-Sauna, die ich je erlebt habe …«

September 1982

Das Rosenheimer Herbstfest ist bei jeder Witterung ein Gewinn für die Urlaubsgäste. Das stellte der Verkehrsverband Chiemsee bei einer kleinen Umfrage unter Gästen fest, die die Wiesn besuchten und die sich allgemein über das familienfreundliche, gastronomisch gute, musikalisch abwechslungsreiche und zu vergleichbaren Großstadtangeboten günstige Fest freuten. Elke Borkowski aus Cottbus, zurzeit auf Urlaub in Prien: »Warum zum Oktoberfest nach München fahren? – Das Herbstfest ist nicht nur früher, sondern auch gemütlicher und liegt einfach näher!«

September 1995

Foto: Gert Ungewiß

»Wir machen Musik, da geht euch der Hut hoch« – zu den Klängen der Dreder Musi, dirigiert von Kommandant Rainer Siemers, dankte die Besatzung des Bundesgrenzschutz-Küstenwachbootes »Rosenheim« im Flötzinger-Festzelt für den Applaus. Die BGS-Seeleute waren auf Abschiedstournee in der Patenstadt, da ihr Schiff nach über dreißigjähriger Dienstzeit ausgemustert und höchstwahrscheinlich nach Bulgarien verkauft wird. Sie brachten traurig das Rosenheimer Stadtwappen vom Bug des Schiffes zurück. »Drei neue Boote werden in Dienst gestellt, von denen bisher nur eines einen Namen hat«, berichtete Siemers. Er und seine Kameraden hoffen, dass bald ein BGS-Boot auf den Namen »Rosenheim II« getauft wird – damit wieder Anlass gegeben ist, vom hohen Norden nach Rosenheim zu kommen, um das modifizierte Wappen abzuholen.

August 2001

Es war schon etwas später am Abend, als sich ein schwankender Herbstfestbesucher plötzlich vor dem neuen Polizeidirektionsgebäude übergeben musste. Ob der Mann nun einfach zu viel getrunken hatte oder ihm angesichts der Fassadengestaltung schlecht geworden war, konnte Wiesnigel Ignaz nicht mehr herausfinden.

September 2002

Volksbank-Direktor Dietmar Dambach erging sich angesichts des Wiesnigels in philosophischen Betrachtungen über das Wesen der Igel an sich und darüber, was der Mensch von ihnen lernen könne. »Wenn sich zum Beispiel Igel gegenseitig wärmen wollen, müssen sie trotzdem einen gewissen Abstand wahren, damit sie sich nicht stechen«, erklärte Dambach. Diese Art von gegenseitiger Toleranz sei doch vorbildlich, meinte er, und auf Menschen gut zu übertragen. Bei drangvoller Enge auf den Bierbänken kann ja geübt werden ...

September 2002

Begleitet von Lisa Artmann, der Miss Herbstfest, und OVB-Anzeigenverkaufsleiter Franz Knarr unternahm Friedrich Gerlmaier, der Gründer der Bezirksgruppe Oberbayern/Rosenheim des Bayerischen Blinden- und Sehbehindertenbunds, einen Wiesnrundgang. Gerlmaier sprach seine Eindrücke auf Minidisc. Kostenlose Kopien von Gerlmaiers Hörzeitschrift »Kontakt« gehen dann als Kassetten an die 450 Mitglieder. Fast zwei Stunden waren Lisa und Knarr mit Gerlmaier unterwegs, schilderten ihm die einzelnen Fahrgeschäfte und präsentierten die Standlleut. Auch Wiesnigel Ignaz wurde vorgestellt: Gerlmaier strich dem Wiesnreporter über den Kopf und stellte fest: »Der hat wirklich eine Igelfrisur.«

September 2003

»Dass a Igel so vui saufn ko, hob i' aa no' net gwusst«, musste sich der Ignaz nach Erscheinen des Alkomat-Biertest-Berichts mehrfach vorhalten lassen. Dabei hatte er sich nur der Wissenschaft geopfert. Der Wiesnigel selbst definiert sich als ein kurzbeiniger, stacheliger Allesfresser, der selbst eine Maß Bier oder ein frisch gebratenes Hendl nicht verschmäht.

September 2003

Wie eine Lotterie ist es mit dem Herbstanfang. Zwar steht er offiziell für Dienstag, 23. September, im Kalender; die Sommerzeit endet dagegen erst am 26. Oktober. Dann beginnt, ohne den Herbst zu beachten, gleich die Winterzeit, obwohl der Winter erst am 22. Dezember im Kalender steht.

Für die Rosenheimer beginnt die Herbstzeit eigentlich schon morgen mit der Eröffnung des Herbstfestes. Natürlich hoffen wir alle, dass uns während der Wiesn Herbststürme, Dauerregen und Kälte erspart bleiben.

Einige haben es schon gemerkt – morgens und abends »herbstelt« es schon: Die Autodächer sind nachts von winzigen Wasserperlen überzogen. Das ist aber, so trösten wir uns nach diesem Übersommer, noch kein Herbst, sondern Spätsommer.

Aber was reden wir von Herbst – »Sommer-Abschied mit Herbstzauber-Pflanzen« war vor kurzem in der Werbebeilage eines großen Gartenmarktes im Inntal zu lesen. Die Herbstzeitlose fanden wir dort nicht abgebildet. Als wir weiterblätterten, drohte uns im Prospekt bereits der erste Weihnachtsmann: Ab 1. Oktober wird der aus den USA importierte Zipfelmützenträger dort bereits über die »Weihnachtswelt« befehlen. Wetten, dass zu diesem Zeitpunkt seine schokoladenen Ebenbilder, begleitet von Spekulatius, eingemauert von Dominosteinen, bereits in den Supermärkten Stellung bezogen haben?

Wo der Weihnachtsmann aber strengstes Betretungs-verbot hat, ist eben das Herbstfest. Gegen solche unzeit-gemäßen Vorverschiebungen der Jahreszeit – kein Wun-der, dass das Wetter völlig durcheinander kommt – werden wir vorgehen. In den Bierzelten werden wir laut-stark mitsingen, wenn der Spyder-Murphy-Refrain »Es ist wieder Sommer, Sommer in der Stadt« erschallt.

Und nachher kaufen wir uns Lose, keine Herbstzeit-Lose, sondern Wiesnlose. Vielleicht gewinnen wir sogar einen Kalender »Bilder aus Alt-Rosenheim« vom Stadt-archiv. Dann können wir uns dort schon den Anfang der Wiesn 2004 ankreuzeln.

August 2003

Foto: Hendrik Heuser

Einen transportablen orthopädischen Herbstfestsitz, den so genannten »Maßstuhl«, probierte Rechtsanwalt und Notar Armin Dilthey aus dem sauerländischen Plettenberg im Flötzinger-Zelt aus. Weil er vorübergehend Rückenbeschwerden hatte, brachte ihm der Bad Aiblinger Orthopäde Heinz Rohrer (Zweiter von links) einen abgesägten Plastikgartenstuhl mit, der genau auf die Bankbreite passte. Dilthey, der seit Jahren treuer Herbstfestbesucher ist, hatte keine Probleme, derart konservativ versorgt zwei Maß zu sich zu nehmen.

September 1995

»Hier war ungefähr die Küche«, bemerkte Schwester Merita mit einer gewissen Wehmut, als sie sich mit Gerd

23

Rose, dem Leiter des Rosenheimer Amtes für Kinder, Jugendliche und Familien, im neuen Flötzinger-Biergarten niedersetzte. Schwester Merita von den Armen Schulschwestern war sieben Jahre Leiterin des städtischen Kindergartens an der Kaiserstraße, Rose ihr Dienstvorgesetzter. Sie wohnte mit drei Mitschwestern in dem Haus, das die Flötzinger-Brauerei von der Kirche erwarb und das im Sommer dem neuen Biergarten weichen musste. Mit der Auflösung des Dienstsitzes endet die Geschichte des Ordens der Armen Schulschwestern in Rosenheim, die hier seit 1849 tätig waren. »Quer durch das Wohnzimmer« verließen die beiden nach längeren Gesprächen über vergangene Zeiten und einer Brotzeit den Biergarten.

August 2001

Wiesnigel Ignaz beobachtete zahlreiche Neubürger auf der Wiesn, die sich in fescher Tracht zeigten. Kritisch wird es aber dann, wenn sie eine »Kurze« tragen und die Haxen eher wie Steckerl ausschauen. Könnte man Silikon stricken, so überlegte Ignaz, müsste doch ein gutes Geschäft damit zu machen sein, »Push-up-Wadlstrümpfe« auf den Markt zu werfen.

September 2001

Sammlerkrüge vom Rosenheimer Herbstfest gibt es beim Souvenirstand von Gerhard Komar am Flötzinger-Zelt. Die auf 1000 Exemplare beschränkte Erstauflage des Keramik-Halbliter-Kruges, genannt »Der Schräge«, soll im nächsten Jahr einen Nachfolger mit Jahreszahl bekommen, besprach Komar mit Hermann Tomczyk, dem Zweiten Vorsitzenden des Wirtschaftlichen Verbandes. Weitere Komar-Produkte auf der Wiesn sind Postkarten, der »Herbstfestkalender« von August 2001 bis August 2002, die »Call-me-Mütze« mit Sichtfeld für die eigene Handynummer, der Wiesn-Maßkrug mit dem Herbstfest-Ausrufer, ein Schirm mit demselben Emblem, ein bairisch–deutsches Mini-Wörterbuch und – bei der augenblicklichen Wespenplage ganz wichtig – der hölzerne Maßkrug-Deckel.

September 2001

»Was machst'n nach der Wiesn?«, fragte Wiesnigel Ignaz einen alten Bekannten in der Auerbräu-Festhalle am Samstagabend gegen Ausschankende. »Da geh i' in die Wellness-Oasn«, sagte der. – »Wohin?« – »Na, zum Ester-Helli im Maero-Hof – wennsd da endlich bei de' ganzen Leut bis zur Theke vorgedrungen bist, hast scho' a Ganzkörpermassasch hinter dir ...«

September 2003

Wer radelt so spät durch Nacht und Rosenheim? Es ist der Ester-Helli mit seinem Damenradl samt Anhänger. Der umweltbewusste Wirt vom »In-Treff« am Herbstfestrand ist auf der Suche nach leeren Prosecco- und Champagnerflaschen, die seine Kundschaft irgendwo liegen lässt. »Man glaubt gar nicht, wen und was man da um die Zeit alles sieht«, so der Feinkosthändler, der aber keine Details (»die wären höchst brisant und interessant«) verraten möchte. Der Kavalier radelt, schaut, klaubt auf und schweigt ...

September 2001

Foto: Peter Schlecker

Die Herbstfestzeit hat etwas mit Feiern zu tun. Wer also in voller Hektik zum Mittagessen in die Auerbräu-Festhalle rauscht und dann, wenn's piepst, danebengreift und statt des Handys ein »Hendly« am Ohr hat, der ist auf der Wiesn wirklich falsch verbunden und sollte lieber im Büro bleiben. Ein Handy hat auf der Wiesn nix verloren!

September 1995

Zum Herbstfest trägt der kultivierte Rosenheimer nicht irgendwas, sondern scho' was Extriges. Da die Nachfrage natürlich vom Angebot einschlägiger Fachgeschäfte geschürt wird, lassen diese im Wiesnvorlauf den potenziellen Herbstfestbesucher rechtzeitig wissen, was heuer »angesagt« ist, will man sich nicht unsterblich blamieren, weil man 's Biergewand vom Vorjahr anhat.

Es steht wieder einiges bevor: Nicht nur Leinen und Leder werden miteinander kombiniert, nein, auch verschiedene Lederfarben. Aus Stephanskirchen kommt vermutlich die Mode, dass Damen wieder Mieder mit Schnürungen aus Leinen und Leder tragen wollen. Die Herrenmode spekuliert offensichtlich auf schlechtes Herbstfestwetter, denn sie propagiert knöchellange Lederhosen. Dazu sollen Leinenhemden getragen werden, die sich gewaschen haben.

Trotz des Aufgmaschelten vernimmt man kopfschüttelnd, der Trend gehe zu »mehr Natürlichkeit und Schlichtheit«. Unsere keltischen Vettern aus Schottland bringen sich mit ihrem Karomuster auf den Miedern wieder in Erinnerung.

Ein »Must« ist der Body mit Spitzenärmeln, und die Modefarben heißen »Platin, Schnee (vermutlich altgraues Weiß à la Schnee vom Vorjahr) und Natur«. Zu erwarten sind auch Schneehemden aus Walk- oder Doubleface-Loden (das heißt, es handelt sich um Wendehemden) oder aber aus Fleecestoffen. Für die Männer kommt die »Luis-Trenker«-Männermode; außerdem angekündigt wird »eine nicht kategorisierbare Kollektion, die im Authentic- und Trachtenbereich neue Maßstäbe setzt«. Da grölt sogar der Nockherberg!

August 1997

Früher, als die christliche Seefahrt es noch zuließ, dass die Matrosen in den Häfen ausgiebig an Land gehen konnten, während das Schiff ent- und beladen wurde, machten sie sich landfein – unter anderem, um ihre Liebschaften aufzufrischen. Heutzutage läuft das viel unromantischer. Da werden nur Container hin- und hergeladen, und Zeit für einen Landausflug ist nicht mehr, schon gar nicht zum Anbandeln. Die Logistik rollt erbarmungslos im Roll-on-roll-off-Verfahren.

Das große Anbandeln in Rosenheim findet jährlich auf dem Herbstfest statt. Der Autoskooter ist da ein Fixpunkt im Leben der Jugendlichen, und dafür muss man sich natürlich ganz toll zurechtmachen, damit man ja auffällt. Dass dabei manchmal über das Ziel hinausgeschossen wird, liegt in der Natur der Sache.

Die Suche nach den geeigneten Textilien, nach dem »Outfit«, wird natürlich von der Modebranche auf das Nachdrücklichste unterstützt. Die Prospekte können nicht bunt genug, die Models nicht hübsch genug sein, und die Texte müssen natürlich auch auffallen.

»Jodelfein für 149 Euro«, las ich in einer Beilage. Jodelfein! Gezeigt wird auf dem Bild ganz normale Trachtenmode, nicht etwa die so genannte Landhausmode, die im Extremfall aus Hopfensäcken, Jeans, Bettwäsche und Kuhfell einen abenteuerlichen Stilmix zusammenbraut.

Jodelfein – der Texter hat möglicherweise im Institut von Vicco von Bülow, auch Loriot genannt, sein Jodeldiplom abgelegt, das ihm zu Kopfe gestiegen sein wird.

September 2003

Wiesnleben täglich

Der Wiesnalltag vor und hinter den Kulissen: Eine ausgetüftelte Logistik ermöglicht den reibungslosen Ablauf dieses Volksfestes. Viele kleine Rädchen greifen ineinander, um das »Riesenrad Herbstfest« zum Laufen zu bringen. Viele fleißige Hände müssen vorher, während des Festes und nachher kräftig anpacken, damit alles funktioniert.

Wetterprobleme gibt es auf der Wiesn hauptsächlich für die offenen Fahrgeschäfte. Wenn es regnet, sind die Wirte froh – und auch nicht. Auf den Freiflächen ist es dann leer, was nicht so schlimm ist, wenn innen Platz genug ist. Ist dort aber schon vor dem Regenguss Hochbetrieb, wird's eng.

Die Fahrgeschäfte auf dem Herbstfest haben meistens eine lange Tradition, werden oft vererbt. Manchmal kommen neue dazu. Kinder sind immer wieder von ihnen fasziniert – und die Schausteller sind nun mal mit ihren Angeboten die Attraktion auf der Wiesn.

Foto: Hendrik Heuser

Auf Schaufahrt unterwegs war gestern wieder das Brauereigespann vom Flötzinger-Bräu, um für das Herbstfest im Allgemeinen und den Steegmüller-Gerstensaft im Besonderen zu werben. Auf die Frage, ob die Rösser auch von dem Festbier probieren dürften, meinte Kutscher Isidor Niedermair aus Deutelhausen: »Schlecken täten s' scho' gern, aber wir achten darauf, dass wir alle weit unter der 0,8-Promille-Grenze bleiben ...«

Die Ohrenschützer der Tiere sind eine Maßnahme gegen Stechmücken, die sehr gerne in Pferdeohren hineinkriechen. Es handelt sich hierbei zwar um die Pferderasse »Süddeutsches Kaltblut«, aber beide »Vordermänner« sind Hengste und nicht ohne Temperament, wie beispielsweise »Vesuv« vorne links im Bild, erklärte Niedermair. Er kutschiert seit 15 Jahren für Flötzinger.

September 1982

Weil es in den Bierzelten halt so heiß ist und die Haken für die Joppen sehr spärlich vorhanden sind, ist der Falter-Max, SPD-Kreisgeschäftsführer, unter die Erfinder gegangen. So hat er bei jedem Wiesnbesuch Hammer und Nägel dabei, um so, völlig unabhängig von Kleiderhaken, das Problem mit der Jacke zu lösen.

September 1982

Seit 25 Jahren ist die Rosenheimerin Christa Pietsch auf dem Herbstfest als »Aushilfskraft«, wie sie es bescheiden bezeichnet, beim Autoskooter der Firma Distel dabei. Als die Distel-Kinder noch klein waren, hat sie bei ihnen Babysitterin gespielt, wenn sie nicht an der Kasse saß. Inzwischen sind die Kinder groß, und Christa Pietsch betreut bereits die Enkel.

Die Distels schätzen ihre Treue sehr – schließlich hat sie bisher keinen Tag gefehlt: »Immer toujours durch – anders geht's bei so einem Geschäft gar nicht«, sagt sie, die inzwischen – zumindest während der Herbstfestzeit – zur Distel-Familie gehört.

September 1983

Die Bedienungen auf der Wiesn sind bloß noch Nummern – jedenfalls will es so scheinen: Nur einige der Bier- und Hendlspediteurinnen haben in Eigeninitiative ihren Vornamen mit Aufstecker oder Wäscheklammer an der Bluse veröffentlicht. Völlig ohne erkenntlichen Vornamen erschien die Bedienung Nummer 66 in der Auerbräu-Box. Für einen Freund alter Harley-Davidson-Motorräder, der gerne mal damit die Traumstraßen der USA abfahren würde, war das kein Problem: »Die heißt bestimmt Ruth«, meinte er – schließlich galt die »Route 66« früher als eine der wichtigsten Ost-West-Verbindungen Nordamerikas.

September 1995

Starke Männer braucht das Land – aber wo finden? Beim Wiesntreffen des Stadtrates im Flötzinger-Festzelt kam die zierliche Bedienung Berni mit zwölf Masskrügen an die Tische und stellte je sechs links und rechts ab. SPD-Mann Walter Schlosser und Professor Dr. Anton Kathrein von den Freien Wählern/UP schafften es ebenso wenig wie am Nebentisch Rudolf Hötzel von den Republikanern, im Sitzen mit einem Arm sechs Krüge anzuheben. Walter Schlosser fand eine Erklärung für das gemeinsame Versagen: »Weil wir keinen Busen haben ...«

September 2000

Vom Wiesn-Schlager »Anton aus Tirol« gibt es eine niedersächsische Textvariante auf »Grinsekanzler« Gerhard Schröder: »Ich bin so schön, ich bin so toll, ich bin der Nachfolger von Helmut Kohl ...« Eine andere Variante hat der Wiesnigel dem ebenfalls breit lachenden Professor Dr. Anton Kathrein angesichts des Stadtwappens von Bad Aibling, wo er eigentlich eine neue Produktionsstätte bauen wollte, in der Auerbräu-Festhalle in den Mund gelegt: »Es ging so schnell, es läuft so toll, ich produziere in Tirol ...«

September 2000

Foto: Hendrik Heuser

Glückliches Ende eines Missgeschicks: Unser Leser
Heinz Gold aus Pang (Mitte) erfuhr morgens aus den
Wiesn-Streiflichtern im OVB, dass seinem Zeitungs-
austräger Blagoy Spirowski (rechts) nachts während der
Arbeit drei Jugendliche den Sturzhelm geklaut hatten.
Spontan rief der 59-jährige Vorruheständler Gold den
Frühaufsteher Spirowski an und sagte ihm: »Ich hab
noch einen neuen Motorradhelm, den ich jetzt nimmer
brauch, den schenk ich Ihnen für Ihre treuen Dienste;
ich bring ihn Ihnen auch gleich vorbei.« Gesagt, getan.
Gestern lud OVB-Vertriebsinspektor Hans Schäffler
(links) die beiden auf eine Maß und eine Brotzeit auf
dem Flötzinger-Freigelände ein. »So lernt man sich per-
sönlich kennen«, freuten sich die drei.

September 2002

37

Das allgemeine Leben in Rosenheim verläuft während der Wiesn etwas verhaltener. Das trifft auch auf kulturelle Veranstaltungen zu. Sich in diesen Zeiten antizyklisch zu verhalten, verspricht möglicherweise einen höheren Aufmerksamkeitsgrad. Und so war die Vernissage am Freitagabend in der »Kleinen Werkraumgalerie« von Alfons Röckl in der Heilig-Geist-Straße über Feinkost-Winkler gut besucht. Manfred Stöger, Pressesprecher des Landratsamtes, hielt eine amüsante Rede, und sogar Oberbürgermeisterin Gabriele Bauer gab ihrem Stadtratskollegen die Ehre – und sie war nicht die Einzige, die an diesem Abend eines der dort ausgestellten Werke des Priener Künstlers Lenz Hamberger erwarb. Bauer sicherte sich den Farbholzschnitt »Der rote Rabe«. Der Wiesnigel rätselte: Hat Bauers Gegenspieler im Stadtrat, SPD-Fraktionsvorsitzender Andreas Lakowski, bald einen runden Geburtstag?

September 2002

Eine neue Transportkombination hat Max Breu von der OVB-Anzeigenabteilung aufgetan. Mit dem Radl strebte er von der Wiesn heim und kam an der Haltestelle des »Promille-Busses« vorbei, aus dem ihm etliche Spezln entgegenwinkten. Auf die Anfrage, ob er sein Radl im Bus mitnehmen könne, meinte der freundliche Fahrer: »Ausnahmsweise ...« So kam der im Privatleben unter anderem als »Chiemsee-Cowboy« musikalisch engagierte Breu-Max singend mit seinen Spezln im »Radl-Bus« in die Kastenau. Dort versumpfte er mit seinen Begleitern in der Nachbarschaft und sucht seitdem sein Radl ...

September 1992

Der neue Verwaltungschef des Rosenheimer Klinikums, Günther Pfaffeneder, ein ausgewiesener Fachmann seiner Branche, traf beim Wiesnbesuch mit Oberbürgermeisterin Gabriele Bauer und dem aus Rosenheim stammenden Hirnforscher Professor Dr. Josef Rauschecker aus Washington im Flötzinger-Festzelt zusammen. Als die Diskussion gerade um die geplante neue Rechtsform des Klinikums ging, sagte Pfaffeneder auf die Frage von Rauschecker, wie groß die Kernmannschaft der Klinikumsverwaltung sei: »Ungefähr 40 Leute, aber Sie glauben ja gar nicht, wie schwierig das ist, 40 Mitarbeiter gleichzeitig qualifiziert zu informieren.« Darauf der Wiesnigel trocken: »Das schafft das OVB täglich mit 200 000 Lesern.«

September 2002

Foto: Peter Schlecker

Die Bedienungen Toni (links) und Christiane vom Flötzinger-Festzelt fahren am liebsten mit dem »Maxei«. So heißt der einzige Maßkrug-Servierwagen, den es auf der Wiesn gibt. Der bewährte dreirädrige »Bierexpress« hat schon etliche Wiesn – und erst recht Maßkrüge – auf dem Buckel. »So kommt das Bier von der Schänke schneller zum Kunden am Biertisch«, erklären die beiden. Sein Einsatzgebiet ist der alteingesessene Flötzinger-Biergarten direkt am Wiesneingang neben dem großen Wiesntor.

September 2002

Er ist nicht nur Braumeister beim Auerbräu, sondern offensichtlich auch für das aktuelle Wiesnwetter verantwortlich: Thomas Frank machte seinen Brauereidirektor

Wilhelm Hermann am Dienstag darauf aufmerksam, dass es pünktlich zum Familiennachmittag am gestrigen Mittwoch wieder besseres Wetter geben soll – was auch prompt eintraf. Schuld daran war das Hochdruckgebiet »Frank«. »Auf seinen Braumeister muss man sich schon verlassen können. Aber hoffentlich verlangt er jetzt wegen der Doppelbelastung keine Gehaltserhöhung«, meinte Direktor Hermann.

September 1996

Rund 500 Gläser beträgt der durchschnittliche Verlust bei einer Herbstfestsaison, weiß Michael Fraenkel zu berichten, der seit zwei Jahren zusammen mit Heinz Kroboth das »Sekt-Zelt« betreibt. Die meisten der Sekt- und Weingläser (hier wird Wein aus Rosenheims italienischer Partnerstadt Lazise ausgeschenkt) gehen halt einfach so zu Bruch. Einige allerdings werden auch geklaut. So beobachtete der Michael, wie zwei junge Damen die leer getrunkenen Sektgläser in den Handtaschen verschwinden ließen. Seine Reaktion: Er überreichte dem völlig perplexen »Kleinkriminalitäts-Duo« ein weiteres Glas mit den Worten: »Da habts ihr noch eins, für den Fall, dass ihr amal Gäste habts ...« Die beiden zogen mit hochroten Köpfen und drei Gläsern ab.

September 1990

Foto: Peter Schlecker

Ist Ihnen das gestern Früh auch so gegangen? Unüblich früh aufgewacht trotz der Rosenheimer Wiesn – irgendwie war etwas anders. Sollte es schon so weit sein? Ein Anfall von präseniler Bettflucht, und das in dem Alter? Aber weil nicht sein kann, was nicht sein darf (danke, Christian Morgenstern), müssen wohl andere Gründe vorliegen. Genau: Kalt war's, hundekalt.

Schließlich schlafen wir im Sommer mit offenem Fenster, und wozu haben wir noch August?

Da kann man sich herumdrehen im Bett, wie man will – es hilft nichts. Aufstehen, fröstelnd das Fenster schließen. Brrr! August? Eher November. Die Morgennachrichten unterstützen diesen Eindruck. Ich bin schon erstaunt, dass ich die Morgenzeitung nicht aus einer Schneewehe herausangeln muss. Acht bis 14 Grad,

Schneefallgrenze 1500 Meter, in Schauern noch darunter. Und in München: Rehhagel im Olympiastadion. Vor lauter Wolken bleibt einem vermutlich der Neuschnee auf den Bergen verborgen, aber so weit kommt der Blick gar nicht, dazu hängen die Äste vorm Fenster zu regenschwer herunter. Noch nicht mal bis zur nächsten Baustelle reicht der Blick – es sind mehrere zur Auswahl; ich höre sie nur.

Wie soll das nur weitergehen? Heute Mittag eine Maß Tee mit Zitrone im Flötzinger oder eine heiße Ochsensuppe und eine angewärmte Weiße im Auer? Mütze auf, Fäustlinge an und durch! Wir lassen uns die Wiesn nicht vermiesen, selbst wenn es schneien sollte und die Touristen aus Preußen ihre »Eisbeine« selbst mitbringen.

August 1995

Helmut Aigner, der Besitzer des Fahrgeschäfts »Imperator« und übrigens keineswegs identisch mit unserem stellvertretenden Redaktionsleiter gleichen Namens, plant angeblich schon wieder eine Neuinvestition. Nachdem seiner kaiserlichen Neuerwerbung hin und wieder ein Zacken aus der Krone fällt und die Gewinnspanne minimiert, soll das Gerät unter dem Namen »Determinator« noch ein Jahr Abschreibungsdienst tun, bevor es zu Gunsten einer noch gigantischeren Menschenschleuder abgelöst wird. Sie wird noch aufwändiger, teurer und nervenstrapazierender: Der »Defibrillator« soll auf der Wiesn '94 ein regelrechtes Herzkasperl-Theater auslösen, ein weiterer Herz-Schrittmacher in der unendlichen Geschichte des »Höher, Schneller, Weiter« der Fahrgeschäfte.

September 1992

»Ganz allein kam am Sonntagmittag ein kleines, etwa vierjähriges Mädchen zu meinem Kinderkarussell, setzte sich in ein Auto und fuhr mit«, erzählte Max Fahrenschon, dessen Fahrgeschäft schon seit 35 Jahren am Haupteingang vom Flötzinger-Festzelt steht. Als keine Eltern auftauchten, wollte er die Kleine an die Wiesnwache übergeben, die aber noch nicht offen hatte. So ließ er die Kleine weiterfahren, rund eine halbe Stunde. Als um 14 Uhr die Wache besetzt wurde, erschienen auch sogleich die Eltern. Ihre Tochter hatte sich unbemerkt davongemacht, als sie beim Mittagessen im Auer-Biergarten waren. Glücklich wollten sie ihr Kind wieder aus dem Auto holen. Das aber sträubte sich mit Händen und Füßen dagegen ...

September 2002

Foto: Peter Schlecker

Leise und fast unerkannt hat sich auf der Wiesn neben den beiden Brauerei-Größen Auer und Flötzinger ein drittes Unternehmen etabliert. Der bis dato noch unbekannte »Äpfel-Bräu« wurde von Ignaz mangels Gelegenheit aber noch nicht verkostet. Insider tippen, dass es wie Apfelschorle schmecken soll. Bekannt ist jedenfalls, dass es schon einen Werbespruch gibt: »Prost – Äpfel – Amen«.

September 1997

Gestern saß der Wiesnigel mal wieder gemütlich bei einer Brotzeit und einer Maß Bier im Flötzinger-Zelt. Plötzlich fiel ihm auf, dass der Mann neben ihm offensichtlich ein sehr geübter Wiesngeher sein musste. Er trank die erste Maß in einem Zug leer, bestellte sich sogleich eine zweite und fünf Minuten später bereits eine dritte. »Sie haben aber einen Durst«, sagte der Wiesnigel daraufhin anerkennend zu seinem Tischnachbarn. »Oh, nein«, meinte der. »So weit lass ich es gar nicht erst kommen!«

September 2001

Wie dem Wiesnigel Ignaz zu Ohren gekommen ist, sollen Andrea und Fritz Gstatter bereits ihre Hochzeitsreise angetreten, aber plötzlich eine scharfe Kurve zum Rosenheimer Herbstfest eingeschlagen haben. Statt sich selbst am Meeresstrand die Sonne auf den Pelz brennen zu lassen, zogen sie es vor, Würstl und andere Wiesnspezialitäten für die Herbstfestbesucher an ihrem Standl am Haupteingang vom Flötzinger-Festzelt zu grillen. Die Andrea zum Thema Hochzeitsreise: »Aufgeschoben ist nicht aufgehoben!«

September 2002

Foto: Hendrik Heuser

Mit einem Oldtimer-Bus kamen alle fünf Bürgermeister des Zillertals sowie Vorstand und Direktor der Zillertalbahn zum Rosenheimer Herbstfest. Ihr Freund, Santa-Wirt Toni Sket, hatte eine Erlaubnis eingeholt, dass die Gäste vor dem Wiesnbesuch in der Auerbräu-Festhalle zum »Aperitif-Pils« mit ihrem Mercedes-Benz-Kleinbus mit Panorama-Dachverglasung in der Fußgängerzone vor seinem Wirtshaus vorfahren konnten. Der 14-Sitzer, Baujahr 1962, hat einen 2,2-Liter-Diesel-Vierzylinder und erreicht Tempo neunzig. Jahrelang war er als Linienbus von Zell am Ziller zum Gasthof »Enzianhof« gefahren. Die siebenköpfige Delegation war früher häufig zu Eishockeyspielen nach Rosenheim gekommen.

September 2002

Rund ums Bier
und die kulinarischen Genüsse

Bier und Kulinarisches – die Wiesn ist auch ein riesiges
Gasthaus mit vielen Spezialbetrieben. In dieser besonderen Atmosphäre und beim Festmärzen der beiden Brauereien schmeckt eben alles noch einmal besser als sonst.
Dazu kommt schon im Umfeld der Wiesn der anlocken-
de Duft, geprägt von einer unnachahmlichen Mischung
aus dem Geruch knuspriger Brathendl, frischer Steckerlfische und gebrannter Mandeln. Ein Fest für Nase und
Gaumen!

Fotomontage: Stefan Trux

Bei einer Reportage über die Ochsenbraterei hatte uns Auer-Festwirt Günther Lohmar letztes Jahr statt eines Bären sozusagen einen Ochsen aufgebunden: Er hatte uns vorgeflunkert, dass an den Wochenenden statt der üblichen 12-Zentner-Ochsen solche von 18 Zentnern an den Spieß kämen. Die Metzgerzunft und der Festwirt hatten ihren Spaß an der Falschmeldung über die zähen Veteranen. Unserem fleißigen Fotografen glückte jedoch der Schnappschuss eines »Ochsen-Erlkönigs«, der beweist, wie das Gewicht von 12-Zentner-Ochsen leicht zu steigern ist.

September 1983

51

Alle Welt redet von Globalisierung – warum denn nicht? Die Globalisierung macht natürlich auch vor der Rosenheimer Wiesn nicht Halt. Als eine Stadt, ach, was sag ich, als das Oberzentrum der Region 18 mit weltweit agierenden Betrieben, die ihre Fühler in alle Erdteile ausstrecken, müssen wir auch auf unseren Festivitäten weltoffen sein.

Der Rosenheimer verreist gerne, macht sogar Expeditionen, und wenn er zurückkehrt, vermisste er früher Pizza, Gyros, Frühlingsrollen, Couscous und Big-Mac-Burger. Das hat sich alles zum Besseren gewendet, und warum sollen nicht auch auf dem Herbstfest die kulinarischen Ansprüche weit gereister Innstadt-Bürger befriedigt werden?

So fiel mein Blick beim samstäglichen Herbstfest-Erstbesuch, ich kam durch den Eingang vom Friedhof herein – hat da jemand »Wiesn-Zombie« gerufen? –, auf eine junge Rosenheimerin, die vor einem Standl thailändisches Essen mit Stäbchen zu sich nahm und mich freundlich anblinzelte. Was für ein Entree! Kein Trachtler als Solist an der Schweinshaxe, sondern dieser anmutige Anblick! Immerhin trug die junge Dame auch Tracht.

Bei weiteren Erkundigungen stieß ich auf einen neuen Stand namens »Seafood«. Meeresfutter? Das heißt doch eigentlich im Matrosenslang »die Fische füttern«, wenn der Seegang das Frühstück wieder hervorlockt. Aber auch das aus Zoohandlungen bekannte Fischfutter war an diesem blitzsauberen Stand nicht gemeint, sondern es ging um Fisch-Delikatessen von der Lachssemmel bis zu Austern und Hummer.

Nun spricht sicher die Bestellung »Sechs Austern, an halberten Hummer und zwoa Maß« nicht unbedingt für Weltläufigkeit. Deshalb wird dort Prosecco serviert, perlender italienischer Weißwein oder, für ganz Noble, Champagner. Dennoch lauern Gefahren bei dieser noch ungewohnten Kost, spätestens kurz vor Wiesnschluss, wenn rauschige Besucher noch einen späten Hunger verspüren.

»Und – wie hat die Auster gschmeckt?« – »Net schlecht«, meinte der schwankende Spezl, »außen knusprig und innen weich ...«

September 1998

»**Auer Bier is our beer**« ist der Wahlspruch von Postlern aus London, die seit acht Jahren eine Woche ihres Urlaubs auf dem Herbstfest, und zwar in der Auerbräu-Festhalle, verbringen. Auch heuer werden die fünf Engländer wieder von Georg Weindl betreut, der als Vorsitzender des Beamtenbundes im Landkreis Kontakte in viele europäische Länder unterhält.

September 1982

Foto: Hendrik Heuser

Täglich um sechs Uhr liefert die Rosenheimer Metzgerei Hilger einen neuen Ochsen zur Ochsenbraterei von Franz Kaulich in der Auerbräu-Festhalle. Vater und Sohn Kaulich montieren den bis zu 220 Kilogramm schweren Ochsen gemeinsam an den Spieß, um ihn dann mit einem Flaschenzug in den Grill zu hängen. Unser Bild zeigt den Ochsen »Anderl«, der gestern gebraten wurde. Er war zuletzt auf einem Hof bei Deggendorf in Niederbayern, der in der Nacht zum Dienstag durch Blitzschlag abgebrannt ist. »Anderl« wäre also so oder so seinem Schicksal nicht entkommen. Aber anstatt verkohlt unter den Balken seines Stalles zu liegen, erfreute er gut gebraten die Gäste beim Auerbräu.

August 2001

Von seiner neuen Anschaffung, einem Wohnmobil, schwärmte Stadthallen-Chef Heinz-Werner Bleyl beim Stadtratstreffen im Flötzinger-Zelt. Die Feuerprobe hat Bleyls rollende Zweitwohnung bereits bei einem mehrtägigen Golfturnier in Höslwang bestanden, da es ihm nach langem »Après-Golf« die Heimfahrt ersparte. Allerdings wurde gemunkelt, dass es sich dabei möglicherweise um die Privatnutzung eines Dienstfahrzeugs gehandelt haben könnte: Da der Kongressanbau der Stadthalle schon jetzt wieder zu klein sein soll, wird angeblich geplant, das Mobilheim vor den Veranstaltungen als Kassenwagen und in der Pause als Grillstation einzusetzen. »Selbstverständlich gibt es dann dort auch ›Heinz-Ketchup‹«, merkte Bleyl augenzwinkernd an.

September 1996

Zu einem Löschtest trafen sich Sp(r)itzenleute der Wiener Feuerwehr im Flötzinger-Zelt. Dr. Franz Wenninger, Oberbrandrat der Berufsfeuerwehr Wien, und Ingenieur Wolfgang Rotter waren zu Gesprächen mit den Rosenheimer Unternehmern Franz Kroiss und Frank Jacobi gekommen, um deren »Comptel-Commander« zu begutachten, eine Leitstellen-Computerausrüstung für Katastropheneinsätze. Die Österreicher haben weltweit bei der Katastrophenkoordinierung der UNO einen hervorragenden Ruf, dafür sind die Bayern bei der diesbezügli-

chen Computer-Software führend. »Da hammas scho'
wieder«, meinte einer der Wiener nach einem finalen
Zug aus der Flötzinger-Maß, »die Maßkriag han vo' uns
aus Österreich, aber die gute ›Software‹ werd hier produ-
ziert ...«

September 1993

»Wo bleibt der Hahn?«, heißt das Motto des Hauses
Auerbräu. Unter diesem Spruch wird der Erhalt des
Auerbräu-Wappentiers, des fast ausgerotteten Auer-
hahns aus der Gattung der Raufußhühner, finanziell
unterstützt. »Wo bleibt der Hahn?«, murmelte Auer-
bräu-Direktor Wilhelm Hermann, den Auerhahn auf
seinem Hemd eingestickt, in Gedanken vor sich hin, als
einer »Hier!« rief: Hans Hahn, SPD-Stadtrat und ehema-
liger DGB-Kreisvorsitzender. Zur flüssigen Verkösti-
gung des grobstollig beschuhten Wiesngängers brauchte
Hermann nicht in den Auerhahn-Fonds zu greifen:
Hahn hatte sich schon selbst mit einer Maß versorgt.

September 1995

Dem Lockruf der Wiesn gefolgt, sobald ihn seine Füße wieder trugen, ist Rosenheims zweiter Bürgermeister Wolfgang Noé (links). Nach seinem Radlunfall mit Adolf Dinglreiter, bei dem er sich den Oberschenkel brach, kam er gestern direkt aus dem Krankenhaus auf die Wiesn. Getreu der Weisung des Künstlers Joseph Beuys »Zeige deine Wunde« ließ er von Hauptamtsleiter Horst Rankl sein Künstlerpech begutachten. Wegen der Bedeutung des Auerbräu-Biers für die Kallusbildung wurde in maßvoller Dosierung die Rehabilitationstherapie oral eingeleitet.

September 2000

Eines der Wiesnrätsel des Jahres löste in einem vertraulichen Gespräch mit Wiesnigel Ignaz Auerbräu-Festwirt

Günther Lohmar: Dass Auerbräu-Vorstand Wilhelm Hermann am heißen Wiesneröffnungssamstag abends so »cool« im zugeknöpften, zweireihigen Lodenjanker an der Boxenwand gelehnt habe, rühre daher, dass Hermann eine »Kurze« angehabt habe und die Fußbodenheizung im dortigen Abschnitt vorübergehend mit dem Kühlkreislauf der Bierkühlanlage zusammengeschaltet worden sei ...

September 2001

Wie man beim Biertrinken den Kalorien ausweicht, erklärte ein Experte dem Wiesnigel: Ungefähr 97 Prozent in der Maß seien Wasser, und das hat keine Kalorien. Also müsse man immer nur drei Prozent der Maß als Noagerl stehen lassen ...

August 2001

»Die besten Medikamente für den Kranken sind Blut, Sauerstoff und Bier«, berichtete beim Mittagessen mit seinen Freunden vom Rotary-Club Rosenheim im Auerbräu Professor Dr. Egon Wetzels, früherer Ärztlicher Direktor des Rosenheimer Klinikums, dem Wiesnigel Ignaz. Dieses Wissen hat der in Hittenkirchen im Ruhestand lebende Internist von dem Passauer Chirurgen Professor Dr. Derra, der in den 60er Jahren an der

Universität Düsseldorf lehrte. Derra habe die Gabe von Bier als Medikament folgendermaßen begründet: Es enthalte viele Vitamine und fördere Verdauung und Schlaf. Daher hätten die Patienten auf Derras Station abends eine Flasche Bier bekommen. Als eine schwedische Ärztedelegation die Station besuchte und die Bierflaschen im Krankenzimmer sah, wurde ein Patient gefragt: »Ja, dürfen Sie denn hier Bier trinken?« Worauf der Patient antwortete: »Was heißt hier dürfen – wir müssen!«

September 2001

Beim Mittagessen in der Auerbräu-Festhalle wurde gestern nochmals das sonntägliche Boxturnier durchgekaut. OVB-Sportredakteur Edgar Scholtz machte – wie jedes Jahr – nicht ganz ernsthaft Auerbräu-Festwirt Günther Lohmar den Vorwurf, in seinem hinteren Anbauzelt sei für das Ereignis eigentlich zu wenig Platz. »Nächstes Mal zieht der Günther Ziegler mit den Bavaria-Boxern ins Flötzinger um«, drohte Scholtz. – »Das wird aber der Flötzinger-Familie Steegmüller nicht gefallen«, warf der Wiesnigel ein, »wenn die getroffenen Boxer jedes mal ›Aua-Auer‹ schreien ...«

September 2002

59

Foto: Peter Schlecker

»**In drei Sekunden ist die Maß leer**« – das versprechen die Mitglieder der Rosenheimer Musikgruppe »Voltage«. Seit 17 Jahren üben sich die fleißigen Wiesnbesucher auf dem Herbstfest in der Sparte »Druckbetankung«. Ihr Übungsgerät, eine sechsschläuchige »Saufmaschine«, hat ein Bandmitglied, seines Zeichens Maschinenbau-Student, vor Jahren extra für diesen Zweck konstruiert. Die Gefahr, dass die Maß vorzeitig lack wird, ist damit auf jeden Fall gebannt. Wie schnell sich allerdings bei den sechs Schlauchabhängigen ein »Turbo-Rausch« einstellt, harrt noch der wiesnwissenschaftlichen Erforschung.

August 2001

»**So wie die ausholt,** trifft die den Zapfhahn nie«, fürchtete Auerbräu-Direktor Wilhelm Hermann um den ersten Wiesnanstich von Oberbürgermeisterin Gabriele Bauer. Das Geheimnis, wieso das trotzdem gut funktioniert hat, lüftete die Rathauschefin jetzt gegenüber dem Wiesnigel: »Ich habe das mit meiner erlernten Golf-Schwungtechnik gemacht.« Früher spielte Bauer im Priener Golfclub, hat aber seit geraumer Zeit keine Muße mehr dazu.

September 2002

Wie beginnt ein gutes Essen? Die erfahrene Köchin Hertha Fahrenschon vom »Pizza-Macher«-Stand verriet es dem Wiesnigel: »Man nehme eine gute Flasche Rotwein und fülle die Hälfte in den Koch ...«

September 2002

Eine Änderung des eisernen Wiesnrituals kündigt sich fürs nächste Jahr an: Wenn die 142. Wiesn 2003 öffnet, wird Oberbürgermeisterin Gabriele Bauer im üblichen Turnus im Flötzinger-Festzelt anzapfen. Da dem neuen Flötzinger-Braumeister Dr. Michael Zepf sein erstes Wiesnbier heuer bestens gelungen ist, soll Bauer nach dem – hoffentlich geglückten – Anstich ausrufen: »O'zepft is'!«

September 2002

Foto: Peter Schlecker

Bei einem Urlaub in Südafrika lernte OVB-Verleger Alfons Döser das Ehepaar Rudi und Hanna Stegmüller (rechts) kennen. Als er erfuhr, dass Stegmüller Mitinhaber der Brauerei Helderberg in Somerset-West bei Kapstadt ist, lud er sie ein: »Ihr müsst unbedingt zu unserem Herbstfest nach Rosenheim kommen, da gibt es die Familie Steegmüller, die auch eine Brauerei hat.« Jetzt lernten sich die beiden Brauerfamilien kennen. Der 68-jährige Rudi Stegmüller stammt aus Heidelberg und ist Maschinenbauingenieur. Seit 32 Jahren lebt er in Südafrika und stellt Maschinen aller Art her. Aus Büchern brachte er sich die Kunst des Bierbrauens bei und setzte sein Wissen 1984 in die Tat um. In seiner Brauerei-Gaststätte »Helderberg-Bräu«, einem Treffpunkt der Deutschen am Kap, schenkt er vier Sorten Bier aus, gebraut nach dem bayerischen Reinheitsgebot von 1516: helles Lagerbier, Märzen, Pils, Bock und Doppelbock. Der Hobbykoch und Pilot dirigierte im Flötzinger-Festzelt gekonnt die Dreder Musi und schmetterte auch »Ein Prosit der Gemütlichkeit«. Stegmüller hat eine ausgebildete Bariton-Stimme und war früher Vizedirigent des Sängerbunds in Wiesental bei Karlsruhe. Unser Bild zeigt links neben dem Ehepaar Stegmüller aus Südafrika Flötzinger-Bräu Franz Steegmüller senior, Tochter Marisa und Franz junior mit Petra.

September 2002

»**Gibt es hier alkoholfreies Bier?**«, wollte der Rosenheimer SPD-Stadtrat Rudi Purainer vom Wiesnigel im Auerbräu wissen. »Ja, schon«, sagte der, »nur keinen bierfreien Alkohol.« Purainer schaute erstaunt. – »Wein halt«, verdeutlichte der Ignaz. – »Das wär schön, wenn es ein gemütliches Weinzelt auf der Wiesn gäbe«, erinnerte sich Purainer an das im Stadtrat mehrheitlich abgelehnte Projekt des Wirtschaftlichen Verbandes, neben der Loretokapelle für die 16 Tage eine Weinhütte errichten zu lassen. »Schließlich habe ich 1968 in der Kapelle meine Agnes geheiratet, darauf könnte ich dann mit ihr gleich nebenan anstoßen«, so Purainer.

September 2003

Ein Braumeister aus Japan wurde dem Wiesnigel Ignaz im Auerbräu-Garten vorgestellt. Es ist Nobuyuki Hayashi von der Brauerei Kirin in Yokohama, der seit zwei Jahren in Weihenstephan seine Doktorarbeit im Bereich Vertrieb macht und gut Deutsch spricht. Mit dabei waren seine Frau Mihao und eine ganze Reihe Freunde, unter anderem der Rosenheimer Brückenbaumeister Adolf Bachmair und dessen Projektleiter Edi Wurzer, die zusammen in Südkorea Brücken bauten. Wurzer, der in Attenkirchen bei Freising lebt, hat eine koreanische Frau namens Jeong-Hee, die zusammen mit Mihao Hayashi in Freising nicht nur Deutsch, sondern auch Dirndltragen lernte.

September 2003

Die Reaktion von Auer-Bräu-Direktor Franz Redlbacher auf unseren Beitrag »Freibier von vorgestern« kam prompt: Mit einem humorvollen Brief bedankte sich Redlbacher für die »bezaubernde Glosse«, die ihm einen zusätzlichen Werbeeffekt gebracht habe. Er überreichte anbei nunmehr acht statt fünf Bierzeichen sowie einen Hendl-Gutschein für das kommende Herbstfest und entschuldigte sich für das Versehen, das er erst aus unserer Zeitung erfahren hatte. Wie berichtet, hatte Direktor Redlbacher einer Redaktionskollegin, die bei ihren Recherchen über den während der Sommerhitze gesteigerten Getränkeumsatz auch zu ihm kam, versehentlich fünf Biermarken für ein Bierfest in der Umgebung geschenkt, das schon vorbei war.

August 1980

Einen »Orden« mit dem Tiroler Adler bekam in der Auerbräu-Festhalle Oberbürgermeisterin Gabriele Bauer. Kommerzialrat Anton Rieder von der Wirtschaftskammer Kufstein und Walter Mayr, Vizebürgermeister von Kufstein, hatten das in nur 3000 Exemplaren aufgelegte Abzeichen für »Freunde der Tiroler Volkspartei« als Geschenk dabei. Der Wiesnigel bedauerte, dass man statt eines Adlers hier als Gegenleistung nur ein halbes Hendl oder eine halbe Ente bekommen könne, die als Orden eher ungeeignet seien. Beides schmecke aber sicherlich besser als ein ganzer Adler.

September 2003

Foto: Franz Ruprecht

Wie ein »vierblättriges Kleeblatt« verrichten (von links) Robert Scheuerer, Herbert Holler, Karin Riedl und Adolf Angerer stets gut gelaunt und mit großer Sorgfalt ihren Wiesndienst im Flötzinger-Festzelt. Die »Wiesn-Urgesteine« sind im Zeltservice, sei es im Büro oder als Schenkkellner, seit zusammen 160 Jahren, jeder davon 40 Jahre, fester Bestandteil und gehören zum »Flötzinger-Herbstfest-Inventar«. »Die Maß Bier hat damals gute zwei Mark gekostet, der Service für die Besucher ist ständig verbessert worden, und den Festwirt Wast Gruber senior, der mit uns vor 40 Jahren die Lehrjahre machte, vergessen wir auch nicht«, sagten sie dem Wiesnigel Ignaz.

September 2003

Eine Wiesnneuheit präsentierte Hertha Fahrenschon vom »Pizza-Macher« dem Wiesnigel: Erstmals bietet sie heuer auch Tortellini mit verschiedenen Füllungen und Soßen an. Als Behältnis verwendet sie so genannte Fülletts, »Tafelgeschirr mit Biss«, der Firma Cater-Back aus Dresden. Die aus Getreide hergestellten essbaren Schalen haben mit bis zu zehn Stunden wesentlich höhere Standzeiten als frühere Produkte; sie vertragen sogar heiße Suppe. Es gibt die Fülletts in drei Geschmacksrichtungen: Neutral, Paprika und Provence. Derzeit, so erfuhr der Wiesnigel, arbeiten die Dresdner daran, aus Malz und Hopfen einen essbaren Maßkrug zu entwickeln.

September 2002

Unpolitische und
politische Momentaufnahmen

Die Wiesn ist nicht zuletzt ein gesellschaftliches Ereignis.
Natürlich hat der Redaktionsigel dort eine Menge Leute
getroffen und erzählt ihre Geschichten – auch die von
Politikern.

Politisches ist auf der Wiesn immer anders als im nor-
malen Leben. Wir kennen keine Parteien mehr, nur noch
Wiesnspezl. Wenn es später wird, finden Politik und Pro-
mille zusammen, da ist alles nicht mehr so ernst, es wird
munter geflachst – und der Igel spießt das auf.

Foto: Hendrik Heuser

Ein Fahrrad auf dem OVB-Wiesn-Stammtisch – das hatte es bisher noch nicht gegeben. Es gehört der zehnjährigen Anja Gschwendtner aus Kolbermoor und war einer der Hauptpreise am Glückshafen. Da es sich aber um ein Herrenrad handelte, wurde es nach der Wiesn passenderweise in ein Damenrad umgetauscht.

September 1981

Das Vorhaben der Kulturredaktion, zum Herbstfestbeginn auch eine fachmännische vergleichende Kritik der von den beiden Blaskapellen dargebotenen Werke bringen zu können, musste leider entfallen, da unser Star-Rezensent Klaus Schönmetzler zwecks höherer Weihen weiland wollüstig wogend wahnfriedwärts wallfahr-

71

tete, wo wagnerianisches Wohlbefinden weitere wähleri-
sche Wallungen wohlgesetzter Worte weiterentwickelte.
Kurzum: Schönmetzler war in Bayreuth – wagalawaia.

September 1983

Mit einem handbemalten Bierkrug aus Porzellan bedankte sich der Vorsitzende des Rosenheimer Gewerbe-
verbandes, Wolfgang Dorusch, beim Ober-Organisator
des Flötzinger-Zelts, Sepp Gabriel, für seine langjährige,
umsichtige Tätigkeit auf der Wiesn. Welcher Spruch allerdings in den Deckel nachträglich eingraviert werden
soll, weiß Dorusch noch nicht – wie wär's mit: »Für Sepp
Gabriel, den guten Erzengel vom Flötzinger«?

September 1984

Erst am sechsten Wiesn-Tag ließ sich »Senator« Hans Bentzinger auf dem Herbstfest blicken und hatte prompt einen – wenn auch ungefährlichen – Zusammenstoß. Wie alle Presseleute bekam auch der Herausgeber und Autor der »Rosenheimer Rundschau« und des »echo« von der Auer-Brauerei einen speziellen Keferloher, den der Spruch »Die Presse – die Maß aller Dinge« ziert. Frisch gefüllt und mit dem – dank Federwerk – pickenden Plastik-Specht rechts vom Henkel versehen, war das Präsent eigentlich optimal hergerichtet und zum UP-Stammtisch gebracht worden. Doch der Bentzinger-Hans, früher mal Linksaußen in einer Fußballmannschaft, ist zumindest beim Maßkrugstemmen Linkshänder: Nach dem Zuprosten kollidierte er mit dem für diese Handhabung falsch platzierten »Schluckspecht«; statt Wiesnbier hatte er plötzlich das Gaudi-Geflügel im Mund ...

September 1984

Foto: Hendrik Heuser

Ein herzhaftes Prost auf die kugelrunde Welt des Rosenheimer Herbstfestes gab es im Flötzinger-Zelt: Der Gruber-Wast feierte das Wiedersehen mit einem Münchner Spezl, der nicht weniger gewichtig ist als der Flötzinger-Festwirt. Die beiden treffen sich auch alljährlich in München beim Starkbieranstich auf dem Nockherberg.

September 1983

Auch beim Schnupfen muss man auf der Hut sein, stellte der Rosenheimer Stadthallen-Chef Heinz-Werner Bleyl fest. Eine von ihm auf der Wiesn frisch erworbene Schnupftabakdose der Marke »Singleton's« entpuppte sich als Mogelpackung. Bleyl schüttelte und klopfte, aber

74

außer ein paar spärlichen Bröckerln kam aus der Packung nix heraus. Auch UP/FW-Stadtrat Max Tiefenthaler, Richard Wurm und dessen Geschäftspartner Joachim Hennig aus Dresden erging es nicht anders. Selbst Hans Bentzinger gelang es nicht, aus der Dose eine anständige Prise herauszuklopfen. Als altgedienter Journalist an gründliche Recherche gewohnt, ging er der Sache auf den Grund und öffnete die Blechkapsel – sie war leer. Wir wünschen dem Stadthallen-Chef bei seinen nächsten Vertragsabschlüssen in unser aller Interesse einen besseren Riecher.

September 1993

Fast direkt von der Internationalen Funkausstellung (IFA) in Berlin kam Professor Dr. Anton Kathrein zum Stadtratstreffen ins Auerbräu – schnell umgezogen in Trachtenhemd und Lederhose. »Berlin ist eine tolle Stadt, aber hier ist es genauso schön«, sagte er nach einem ersten großen Schluck. In Berlin habe er vor lauter Hitze nur Wasser getrunken. Vom Grundig-Stand konnte er erfreuliche Auftragseingänge vermelden. Am Kathrein-Stand auf der IFA, so berichtete er, gebe es seit Dienstag Flötzinger-Weißbier und Auer-Hell vom Fass. Kathrein, dem inzwischen 89 Prozent der von Max Grundig gegründeten gleichnamigen Weltfirma gehören, lief ohne VIP-Ausweis durch die Messe – nur mit einem Grundig-

Mitarbeiterschild. »Aber manche haben schon ›Max‹ zu mir gesagt ...«

Mit dem Radl zur Wiesn kam ein Sportsfreund aus dem Rheinland. Uli Minkus, wie der junge Radler heißt, gestaltete seinen Urlaub als eine Deutschlandrundfahrt auf seinem »WC« (Waden-Cabriolet). Von seinem Heimatort Königswinter radelte der begeisterte Volleyballspieler kreuz und quer zu den Sehenswürdigkeiten der Republik. Dem Stellspieler war von einem früheren Mannschaftskollegen, der jetzt in Rosenheim wohnt, so vom Herbstfest vorgeschwärmt worden, dass er es zum Zielpunkt seiner Deutschland-Tour machte. Bis jetzt hat er fünf Tage wacker im »einarmigen Reißen« (der Maßkrüge) mitgehalten. Heute geht es mit der Bahn zurück nach Hause.

September 1984

Foto: Hendrik Heuser

Mit dem Löffel »gefüttert« wurde Pauline Kebeck auf der Wiesn von ihrer großen Schwester Christine Heller. Die beiden führen zusammen den »Bierbrunnen« in der Rosenheimer Herzog-Otto-Straße, der natürlich in der Wiesnzeit geschlossen ist. Da die Pauline sich einer Operation unterziehen musste, ist sie noch auf Diät gesetzt und darf auch Alkohol nur in kleiner Dosis zu sich nehmen. Da besann sich die Christine auf ganz frühe Zeiten: Die »Kleine« erhielt die ersten Schlucke Wiesnbier vom Löffel – und das ganz ohne Lätzchen ...

September 1983

Seit etlichen Jahren besucht Ion Makris, griechischstämmiger Rechtsanwalt aus Düsseldorf, das Rosenheimer Herbstfest. Im Auerbräu trifft er dabei auch gelegentlich auf Wolfgang Grimm, Direktor des Rosenheimer Amtsgerichtes. Als beide jetzt ins Gespräch kamen, meinte Grimm dann, Makris solle sich doch hier niederlassen, dann habe er es zum Herbstfest nicht so weit. Zudem würde er mit seiner originellen Art sicher auch die Anwaltsszene beleben; es gebe nämlich zu viel schlechte Anwälte. »Es gibt keine schlechten, sondern nur gute und bessere Anwälte«, korrigierte Makris sofort.

September 1992

»**Wir planen schon wieder etwas Neues**«, raunte »Salzkrieg«-Regisseur Horst Rankl geheimnisvoll bei einem Wiesntreff in der Auerbräu-Festhalle mit »Salzkrieg«-Autor Carl Oskar Renner und seiner Frau. Mit dabei – wie bei allen historischen »Verschwörungen« – war natürlich auch Stadtheimatpfleger Willi Birkmaier, der für Renner als Tatsachenreporter aus dem Stadtarchiv die Basis für Rollenbuch und Roman schuf. Wird Rankls Regieassistentin Renate Benner vielleicht in die Hauptrolle der »Pökeline« einsteigen, wenn das neue Vorhaben den Titel trägt: »Die Frau im Salz«?

September 1995

Den Urheber einer in Rosenheim grassierenden Epidemie, den »Bazillus Südafricanus«, hat Wiesnigel Ignaz in der Auerbräu-Festhalle entdeckt. Robert Lachnit, vor rund 15 Jahren an die Südspitze Afrikas nach Cape Town (Kapstadt) ausgewandert, besuchte mit Freundin Minayla seinen Freund und Werbeberater Nicki Bielka in Rosenheim und landete unweigerlich auf der Rosenheimer Wiesn. Der Südafrikaner war der wohl weitestgereiste Wiesnbesucher an diesem Abend.

September 2000

Günter Valjak, Leiter der Stadthalle Osnabrück, kommt jedes Jahr für eine Woche zur Erholung in den Chiemgau. Von seinem Standort, einem Bauernhof bei Altenmarkt, besucht er dann seinen früheren Stellvertreter, den Geschäftsführer der Veranstaltungs- und Kongress-GmbH Rosenheim, Heinz-Werner Bleyl. Seltsamerweise fallen diese Besuche immer in die Herbstfestzeit. »So ein tolles, gewachsenes Fest gibt es im Norden einfach nicht«, freut sich der Wiesn-Fan aus der niedersächsischen 178 000-Einwohner-Stadt. Die beiden Hallen-Chefs sind gut befreundet und machen gemeinsame Projekte. So beraten sie den früheren Rosenheimer GRWS-Geschäftsführer Rudi Müller-Tribbensee, der Stadtbaumeister in Neumarkt in der Oberpfalz ist, beim Bau einer neuen Stadthalle. Bleyl, der sich seit langem das Rauchen abgewöhnt hat, bekam am Mittwochabend in der Auerbräu-Festhalle von seinem Freund eine dicke Zigarre spendiert und stand zum ersten Mal seit 15 Jahren wieder richtig »unter Dampf«. »Das gehört einfach zu einem Hallendirektor«, erklärte Valjak dem mitpaffenden Wiesnigel.

August 2000

Seit zwanzig Jahren hat Immobilien- und Anlage-Spezialist Peter Friesacher seinen täglichen Wiesnstammtisch im Flötzinger-Festzelt. Er erwartet zum Wochenende seine Tochter Stefanie, die in Hamburg als Bankkauffrau tätig ist und zur Feier ihres 23. Geburtstages mit vier Kollegen einfliegen will. Regelmäßig alle vier Jahre kommen Freunde aus Schweden zu Friesachers Stammtisch. Sie verbreiten mittlerweile in Skandinavien den guten Ruf des Flötzinger-Wiesnmärzens. Eine Eigenart haben sie laut Friesacher allerdings: Die Nordländer bestellen keine Maß, sondern »einen Zylinder Bier«.

August 2001

Der »Weitpreis« bei der Wiesn dürfte heuer Edna und Ian McKelvin aus Mataura in Neuseeland nicht zu nehmen sein. Der Metzgermeister und Weltkriegssoldat von »Down under« lernte 1952 bei einem internationalen Pfadfinderlager bei London den Rosenheimer Ludwig

Weinberger kennen. Jetzt, mit siebzig Jahren, unternahmen die McKelvins ihre erste Reise auf den europäischen Kontinent, die sie erst zu einem Teilnehmer des Treffens von 1952 im lippischen Lemgo und dann nach Rosenheim führte. Weinberger begleitete seine Gäste zum Auftakt ihres einwöchigen Besuches zum Erntedankfest und dann ins Flötzinger-Zelt, wo sie sich ein Hendl schmecken ließen. »Bier trinken wir nur an Weihnachten«, lehnten die beiden das Wiesn-Originalgetränk dankend ab und stießen mit Keferlohern voll Wasser an.

September 1996

Foto: Franz Ruprecht

Am »Stammtisch« von Fritz Kneib (links), dem früheren Wirt des legendären »Café Papagei« in Rosenheim, trafen sich auf einen lockeren Wiesnratsch Honoratioren in der Auerbräu-Festhalle. Dem Wiesnigel wurde zugeflüstert, das sei die »Austragstisch-Runde«. Neben Kneib sitzen Josef Großmann, Ehrenvorsitzender des Wirtschaftlichen Verbandes, und Werner Zimmermann, der frühere WV-Geschäftsführer, gegenüber dessen Ehefrau Maria, Alt-Oberbürgermeister Dr. Michael Stöcker und rechts seine Ehefrau Sigrid.

September 2002

Eine kleine Pause von Entwickler, Fixierer und Vergrößerer gönnten sich Matthias und Fritz Rauschmayer vom

»Foto-Service«, die immer »Gewehr bei Fuß« stehen, wenn die Redaktion ganz schnell ein Foto braucht – »möglichst schon gestern fertig« – und auch den Wochenendservice nicht scheuen. »Natürlich trinken wir in der Mittagspause keinen Alkohol«, meinten die beiden, »schließlich sollen die Fotos ja keinen Blaustich haben ...«

August 2001

Trotz neuer, Energie sparender Kücheneinrichtung, eines schick umgestalteten Restaurants, eines echten Eichenparkettbodens und zahlreicher weiterer Neuerungen für die Rosenheimer Stadthalle soll das Kultur- und Kongress-Zentrum im Herzen der Stadt noch immer kein »Öko-Audit« bekommen. Warum das nicht verwunderlich sei, erklärte Wiesnigel Ignaz dem Stadthallenchef Heinz-Werner Bleyl dieser Tage bei dessen Pressestammtisch im Flötzinger-Festzelt: »Weil die Stadthalle immer noch nicht auf ›bleylfreien‹ Betrieb umgestellt worden ist ...«

September 2001

Bernhard Borrmann hat letztes Jahr für die Hochzeit seines Bruders Herbert, Vorsitzender des Stadtjugendrings, mit Sonja Huber den Teil der Flötzinger-Box 4 nachgebaut, in dem sein Bruder täglich bei der Wiesn anzutreffen ist. Mithilfe von Fotos wurde jedes Detail nachgefertigt und eine originale Biertischgarnitur für zwölf Personen dazugestellt. »So ist bei mir zu Hause die ganzjährige Wiesn möglich«, freute sich Herbert Borrmann.

September 2001

Am schnellsten leer war bei der Wiesn-Eröffnung in der Auerbräu-Festhalle der Maßkrug von City-Manager Günter Boncelet. Aber nicht, weil der gebürtige Westfale so einen Riesendurst hatte, sondern weil ein ungenannter Spezi von Banknachbar Richard Horner Boncelets Maßkrug umgestoßen hatte.

September 2002

Foto: Hendrik Heuser

Komprimiertes Klassentreffen auf der Wiesn: Schul-spezln der Abiturientia 1970 des Rosenheimer Ignaz-Gün-ther-Gymnasiums in der Auerbräu-Festhalle (von links): Franz Winterer, Rudolf Zehentner, Bürgermeister von Ste-phanskirchen, Uta und Josef Rauschecker. Links Rosemarie Winterer (vorne) und Romy Zehentner. Der Gehirn-forscher Rauschecker, der in München und Cambridge stu-dierte, arbeitete am Max-Planck-Institut in Tübingen und ist seit 1989 Professor für Neurologie an der Georgetown University in der US-Bundeshauptstadt Washington.

September 2002

Nach einigen Jahren Herbstfest-Abstinenz zog es den früheren OVB-Redakteur Werner Aschl wieder nach Rosenheim. Mutter Aschl betrieb bis Mitte der siebziger Jahre eine legendäre Suppenküche in der Rosenheimer Nikolaistraße. Nachdem er mehrere Jahre ein Anzeigenblatt in Landshut geleitet hatte, ist er jetzt Geschäftsführer des »Stadtanzeigers« Offenburg im Badischen, ein Anzeigenblatt mit 170 000 Stück Auflage. Zusätzlich gibt er eine Sonntagszeitung in gleicher Auflagenhöhe heraus, die »Der Guller« heißt, ein badisches Wort für den Hahn, der morgens die Schläfer aufweckt. »I' hab mi' narrisch gfreut, dass i' nach 25 Jahr' wieder mein' alten Kollegen Manfred Stöger und sei' Frau Heidi 'troffen hab«, sagte Aschl, der in der Auerbräu-Festhalle mit Sportfunktionär und Stadtrat Richard Horner und dessen ehemaligen Fraktionskollegen Hans Bentzinger bei einer frischen Maß Auerbräu die alten Zeiten aufleben ließ.

September 2003

Gut über zwei Meter misst der neue Leiter der Stadtwerke, Dr. Götz Brühl. Ihm gegenüber saß der deutlich kleinere und zum Rundwuchs neigende CSU-Stadtrat Franz Krones. Angesichts des Wiesnigels, der mit seinen über 1,90 Meter auch etwas aus der Art geschlagen ist, meinte Krones: »Da kann ich ja mit euch beiden über die Wiesn gehn und a bisserl blöd daherreden.« – »Naa«, meinte der Wiesnigel, »du gehst hinter uns. Wenn uns einer fragt, wie die Luft da oben ist, sagen wir ihm: Das dicke Ende kommt noch ...«

September 2002

46 Mitglieder des Lanz-Bulldog-Clubs Holstein (LBCH) und des Traktoren-Oldtimer-Clubs Hamburg sind mit dem Bus zum Herbstfest nach Rosenheim gekommen. Tagsüber erkunden sie den Chiemgau, waren bereits auf der Fraueninsel und auch in Scheffau in Tirol. Die Norddeutschen arbeiten schon lange mit dem Bulldog-Club Langenpfunzen zusammen, wo sie auch Oldtimer-Fan Professor Dr. Anton Kathrein kennen lernten. Als Begrüßungsgeschenk übergab Kathrein in der Auerbräu-Festhalle an den Vorsitzenden des LBCH, Werner Holst, Gutscheine für hundert Maß Wiesnmärzen. Der Wiesnigel wunderte sich: Er hatte gedacht, dass die Bulldog-Liebhaber aus dem Norden viel lieber Helles mit Cola trinken – auch »Diesel« genannt.

September 2002

Foto: Hendrik Heuser

Weltmeister war er, Olympiasieger und jetzt auch mal wieder auf dem Herbstfest: Der österreichische Skirennfahrer Franz Klammer besuchte seine Freunde Rudi Mairacher (links) aus Kufstein und Dr. Frank Hoffmann (rechts), den Chefarzt der Orthopädie am Rosenheimer Klinikum. Mit Mairacher, der in Rosenheim einen Zweigbetrieb seines Geschäfts »Südtiroler Türen« betreibt, ist Klammer seit 35 Jahren befreundet. Kennen gelernt haben sich beide beim Skifahren in Kitzbühel. Klammer, gebürtiger Kärntner, lebt in Wien und arbeitet als Berater und Repräsentant für Skifirmen. Auch Mairacher nutzt Klammers gute Firmenkontakte. Der 48-jährige Skirennfahrer kennt die Rosenheimer Wiesn schon länger. »Das ist hier so schön, da komme ich immer wieder gern her.«

September 2002

Eishockey-Torwart-Legende Karl Friesen war zu Besuch in der Auerbräu-Festhalle, wo er sich mit seinen früheren Mannschaftskollegen Mondi Hilger und Toni Maidl vom Sportbund DJK Rosenheim traf. Friesen, der in Kanada lebt, kommt jedes Jahr zu einem Eishockey-Jugendcamp-Trainingslager nach Bissingen, wo er das Torwart-Training leitet. Auch nach seiner aktiven Zeit achtet der ehemalige Weltklasse-Torwart auf die Fitness: In seinem Maßkrug war Apfelschorle, was sich farblich kaum vom Auer-Wiesnmärzen in den Krügen von Hilger und Maidl unterschied.

September 2002

Heute garantiert nicht auf der Wiesn sind der Rosenheimer Architekt Carl Schleburg und elf Leute aus seinem Architekturbüro. Alle zwölf sind in voller Tracht auf dem Weg zum Fliegerhorst Laage bei Rostock, wo heute die Hebfeier eines neuen Düsenjäger-Trainingszentrums stattfindet. Im Gepäck hat die Rosenheimer Truppe fünf Fassl Flötzinger-Wiesnbier und Original-Flötzinger-Maßkrüge.

September 2002

In größte Schwierigkeiten von fast internationalen Dimensionen ist der Wiesnigel geraten: Im Stress hat er gestern übersehen, dass er die Meldung von der »Reise« des Schleburg-Architektenteams zum Fliegerhorst Laage bei Rostock eigentlich gar nicht hätte veröffentlichen dürfen, weil sie fast »ganz streng geheim« war. Einige mysteriöse Anrufe auf seinem Wiesn-Telefon deutete der Ignaz dahingehend, dass in- oder ausländische Agentenringe dahinter stecken könnten, die von ihm mehr wissen wollen. Jetzt traut er sich kaum noch aufs Herbstfest. Bis Sonntagabend hofft er aber durchzuhalten ...

September 2002

Wie ein kleines Mädchen auch die größten Illusionisten der Welt, Siegfried und Roy, aus der Fassung bringen kann, berichtete das Rosenheimer Rechtsanwälte-Ehepaar Rudolf und Angelika Appl dem Wiesnigel. Ihre damals fünfjährige Tochter Sophie war mit den Eltern nach der Vorstellung im Hotel »Mirage« in Las Vegas bei den beiden Zauberern hinter der Bühne und bekam einen kleinen weißen Stofftiger geschenkt. »Ich weiß auch, wie euer Trick funktioniert«, sagte sie nach dem obligaten »Danke schön«. Siegfried Fischbacher, dem gebürtigen Rosenheimer, sei regelrecht die Kinnlade runtergefallen, so die Appls. »Ja, woher weißt du denn das?«, fragte der Siegfried die Sophie. – »Aus der letzten Micky-Maus«, erklärte die Fünfjährige.

September 2002

Foto: Peter Schlecker

Ein »Gipfeltreffen« fand in der Auerbräu-Festhalle statt. Sherpa Kanza (Mitte) aus Kathmandu kam mal wieder aus Nepal zum Herbstfest. Der 44-jährige Lastenträger ist bei Bergfreund Heinz Schauer (rechts), Bergführer aus Brannenburg, zu Gast. Kanza verdient sich hier seinen Urlaub mit kleineren Jobs. Er spricht Englisch und auch ein bisserl Bayerisch. 2000 machte Georg Bamberg (links), der frühere Rosenheimer SPD-Bundestagsabgeordnete, mit Kanza eine Trekking-Tour rund um den Mount Everest. Bei einer Rast in der Nähe einer Schweizer Berggruppe meinte Bamberg: »Jetzt wär a Weißbier recht!« Worauf Kanza in den Rucksack griff und fragte: »Maxlroana oder Flötzinger Fuchzehndreiaviez'ger?«, und beide Flaschl präsentierte. Die Schweizer waren sprachlos.

September 2003

Am kommenden Wochenende jährt es sich zum dreißigsten Mal, dass Herbstfest-Fans aus dem Rheingau die Rosenheimer Wiesn besuchen. Es handelt sich um den »FdH-Club« – Freunde des Herbstfests –, der im September 1973 unter Federführung des gebürtigen Rosenheimers Heinz Engelhard gegründet wurde. Zwar müssen die Damen und Herren rund 1000 Kilometer hin- und zurückfahren, aber nach übereinstimmender Meinung der Gruppe ist das die Sache wert. Engelhard, ein Neffe des früheren Herbstfest-Managers Hans Engelhard, lebt seit über dreißig Jahren in Geisenheim am Rhein und ist beim dortigen »Club Marienthaler Carnevalisten« in der Faschingszeit Sitzungspräsident. Eine Gruppe von Vereinskameraden ist seit dieser Zeit von der Rosenheimer Wiesn so begeistert, dass sie alljährlich zum Erntedank-Wochenende der Wiesn einen Besuch abstattet. Für den FdH-Club organisiert Marianne Engelhard, die Witwe von Hans Engelhard, die Plätze im Flötzinger-Festzelt. In den dreißig Jahren der ununterbrochenen Besuche konnten viele Freundschaften geschlossen werden. Im Rahmen des Herbstfestbesuchs stehen Brauereibesichtigungen, Bergwanderungen und bei guter Witterung ein Besuch der Badeseen auf dem Programm. Die Teilnehmerinnen schätzen besonders die samstäglichen Einkaufsbummel in der Innstadt.

September 2003

Dieses Herbstfest will Helmuth Podhorny mit seinen Freunden Adi Benda und Georg Dosch nochmal so richtig genießen. Nach vierzig Jahren Dienst beim Rosenheimer BGS wird er jetzt nach Thailand ziehen. Seine Frau Rosemarie, die bisher beim Auswärtigen Amt in Berlin tätig war, ist bereits in Bangkok, wo sie in der Deutschen Botschaft arbeitet und die Wohnung einrichtet. »I' nutz des aus, dass i' hier auf der Bank hock – es gibt nämlich koa' Wiesn in Bangkok«, reimte der Auswanderer dem Wiesnigel im Flötzinger-Festzelt vor.

September 2003

Genau vor sechs Jahren lernten sie sich auf der Wiesn unter der Leuchtschrift des »Glückshafens« kennen: Bettina Steiner aus Bad Aibling und Roman Andraschko aus Bruckmühl. Andraschko hatte sich mit einem Spezi an einem Herbstfesttag 1997 vor dem Glückshafen verabredet, und der brachte die Bettina mit. Nach einem halben Jahr hat es dann zwischen den beiden richtig gefunkt. Bevor am Freitag um elf Uhr in Bruckmühl geheiratet wurde, ließen sie sich vorher unter dem Schriftzug des Glückshafens fotografieren – beide in der Tracht.

September 2003

Mit einem prominenten Parteifreund sei er vor einigen Jahren, als sein Haupt und die buschigen Augenbrauen noch nicht so weiß waren, auf einer Reise durch Schottland verwechselt worden, berichtete Landtagsabgeordneter Adolf Dinglreiter dem Wiesnigel. In einer Kneipe sei dort eine Band aufgetreten, bei der ein Münchner mitspielte. Da habe er bayerische Lieder gesungen. Die begeisterten Schotten nannten ihn Theo, weil sie ihn für den damaligen Bundesfinanzminister Dr. Theo Waigel hielten. »Haben Sie mit den Schotten denn auch auf den Chef des Hauses Wittelsbach getrunken?«, wollte der Wiesnigel wissen. – »Nein, wieso das denn?« Da erklärte der Ignaz dem Vorsitzenden des Bayernbundes, dass der Chef des Hauses Wittelsbach rechtmäßiger König von Schottland wäre, hätte nicht Königin Elisabeth I. ihre Thronrivalin Maria Stuart köpfen lassen. Zur Vertiefung des Themas empfahl er Dinglreiter, den Roman »Das Königsprojekt« von Carl Amery.

September 2003

Foto: Peter Schlecker

Alarm auf dem Flötzinger-Festzelt-Balkon: Joseph Hannesschläger (Mitte), besser bekannt als »Rosenheim-Cop« Korbinian Hofer, »verhaftete« eine Bedienung mitsamt den Maßkrügen: »So bekomme ich am schnellsten was zu trinken!« Nach gelungener Tat beichtete er den Überfall in der Flötzinger-Brauereibox den dort versammelten Herrschaften: (von links) Markus Böker, der bei den »Rosenheim-Cops« den Kommissar Ulrich Satori spielt, Oberbürgermeisterin Gabriele Bauer, die »ihr« Rathaus für die ZDF-Serie als Polizeidirektion zur Verfügung stellt, Joseph Hannesschläger, Marisa und Martha Steegmüller vom Flötzinger-Bräu.

September 2003

Kaum zu glauben, aber leider wahr: Ein Stadtrat bestellte beim Wiesnbesuch – so ein Anonymus aus einschlägig interessierten Kreisen – im Flötzinger-Festzelt einen Kaffee. Beim Zahlen zückte er eine Auerbräu-Biermarke und schaffte der Bedienung noch an, ihm den Differenzbetrag auszuzahlen. Da dies offensichtlich über ihre Kompetenz ging, marschierte diese ins Büro und kehrte tatsächlich mit einem Umschlag zurück, in dem das Wechselgeld gesteckt haben soll. Wiesnigel Ignaz hofft aber, dass zusätzlich ein Formular für einen Antrag auf Sozialhilfe beigelegt wurde.

September 1993

Was für den CSU-Staatssekretär Franz Neubauer schon lange selbstverständlich ist, das steht für den SPD-Landtagsabgeordneten Walter Schlosser noch in den Sternen. Gemeint ist das Anglerglück. Im März bestand Schlosser die Anglerprüfung, hat aber nach eigenen Aussagen die erworbenen Kenntnisse noch nicht in die Tat umgesetzt. »Ich bin noch nicht mal dazu gekommen, eine Angel zu kaufen«, gestand der termingeplagte Petrijünger. Auf den Vorschlag, beim erfahrenen Angler Neubauer Nachhilfe zu nehmen, konterte der SPD-Abgeordnete: »Dann heißt's, ich würde zusammen mit dem politischen Gegner im Trüben fischen!« Bis zur nächsten Wahl sollte Schlosser aber nach Ansicht der

SPD-Stadträte schon ausprobieren, wie man die Fische an Land zieht.

September 1981

Als direkte Fortführung seines früheren Lehrerberufes sieht der Raublinger Bürgermeister Günter Bayer seine Tätigkeit als Gemeindeoberhaupt: »Früher san s' als Kinder zu mir kemma, wegen Problemen mit der Hausaufgab, heut kommen s' als Erwachsene mit Bauproblemen«, meinte der Pfeifenraucher.

September 1981

Lose Reden sind ein Markenzeichen der Unterhaltung am UP-Stammtisch. Als sich vorübergehend auch der stellvertretende Landrat und stellvertretende CSU-Kreisvorsitzende Paul Unterseher an den UP-Wiesntisch setzte, hieß es: »Je später der Abend, desto schwärzer die Gäste ...«

September 1982

Das »Neue Steuerungsmodell« der Stadtverwaltung, das den Amtsschimmel auf Trab bringen soll, ist unter dem Kürzel NSM dort in aller Munde. Der Gesamtpersonalratsvorsitzende der Stadtverwaltung, Erich Schartel, verriet dem Wiesnigel Ignaz die eigentliche Bedeutung der Abkürzung: »Nia samma miad«.

»**Einen Steinbeißer** täten wir halt brauchen«, sinnierte der Rosenheimer SPD-Stadtrat Hans Hahn mit unbewegtem Gesicht beim Treffen des Stadtrats auf der Wiesn. Oberbürgermeister Dr. Michael Stöcker wollte sich schon auf eine ernsthafte politische Diskussion einlassen, weil er glaubte, es sei der Ruf nach seinem Amtsvorgänger Dr. Albert Steinbeißer laut geworden. Aber den meinte Hahn gar nicht. Er wünschte sich einen Steinbeißer »zum Wegbeißen der gräuslichen eckigen neuen Stufen für den Nepomukbrunnen am Max-Josefs-Platz.«

August 1984

Foto: Hendrik Heuser

Mitten im Volkstrubel saß im Flötzinger-Festzelt der Chef der deutschen Vertragszahnärzte, Dr. Rolf-Jürgen Löffler. Seit fast zehn Jahren ist der Stephanskirchener Zahnmediziner Vorsitzender des Vorstands der Kassenzahnärztlichen Vereinigung Bayerns, seit diesem Februar auch Chef der Kassenzahnärztlichen Bundesvereinigung in Köln. Zusammen mit seiner Frau Ev stärkte er sich mit einer frischen Maß Flötzinger-Bräu für die schwierige Zeit nach der Bundestagswahl. »Egal, wie die Wahl ausgeht – die Gesundheitspolitik wird ein ganz heißes Thema.«

September 2002

Aus Würzburg kam die stellvertretende CSU-Vorsitzende und ehemalige bayerische Sozialministerin Barbara

Stamm nach Rosenheim. Nach einem Besuch im Büro der Schwangerenberatung »Donum vitae« lud sie die Vorsitzende der Frauen-Union Rosenheim-Stadt, Eleonore Dambach, ins Flötzinger-Festzelt auf eine Brotzeit ein. »Gerade habe ich ein Schaschlik gesehen – so was habe ich schon lange nicht mehr gegessen«, erklärte sie. Vom Wiesnigel darauf hingewiesen, dass Ketchup-Soße hässliche Flecken auf der Bluse machen kann, aß sie trotz Unterhaltung – aber sehr vorsichtig. Als Besonderheit des Rosenheimer Herbstfestes stellte sie fest, dass hier viel mehr Tracht getragen wird als in München. »Wenn Sie nicht mehr so viel politisch tätig sind, können Sie ja Rosenheims größten Trachtenverein leiten«, meinte der Wiesnigel, »der heißt nämlich Rosenheim Stamm I.« Im weiteren Verlauf wurde die Besucherin aus Würzburg auch darüber aufgeklärt, dass der fleckengefährdete obere Textilbereich im Inntal auch gerne »das obere Sudelfeld« genannt wird.

September 2002

Bekanntlich ist über die Finanzen der Stadt Rosenheim eine Haushaltssperre verhängt; und auch der Stadtkämmerer Andreas Bubmann versucht zu sparen, wo es geht. Das schlägt selbst auf den privaten Bereich durch. Bubmann wurde heuer erstmals in einer Lederhose gesichtet, aber, so CSU-Stadtrat Helmut Lippert: »Des is a

Gebrauchte, des sieht ma' an den Initialen.« SPD-Stadtrat Kurt Müller kolportierte die Geschichte beim Wiesn-Stammtisch von VKR-Geschäftsführer Heinz-Werner Bleyl und seinen Leuten vom Kultur- und Kongresszentrum. Auch Müller tippte auf einen »Kauf aus zweiter Hand«, worauf ihn der Wiesigel korrigierte: »In diesem Fall muss das ja wohl ›zweiter Hintern‹ heißen.«

September 2002

CSU-Stadtrat Andreas Voll erschien geschniegelt und gebügelt zum eher gemütlichen Stadträte-Treffen in der Auerbräu-Festhalle. Der Wiesnigel riet Volls Freundin Stefanie, die als gelernte Bankkauffrau im Immobiliengeschäft ihres Vaters Peter Friesacher arbeitet, sie solle dem Andreas doch die Krawatte abnehmen, damit er nicht gar so sehr die üblichen JU-ler-Klischees erfülle. Der riss sie sich gleich selber vom Hals und meinte: »Für die Presse tue ich doch alles!«

September 2003

»**Zum ersten Mal** war ich als Einjährige in Rosenheim«, erzählte die bayerische Kultusministerin Monika Hohlmeier dem Wiesnigel. »Wir wohnten damals noch in Rott am Inn, wo ich auch noch in die erste Volksschulklasse gegangen bin, bis wir nach München gezogen sind.« An das Herbstfest hat sie auch gute Erinnerungen. »Ich war da als Sechsjährige das erste Mal mit unserer Hauswirtschafterin Käthe Schmid aus Rott. Da war ich auf dem Taumler, bin die kleine Achterbahn gefahren, war an der Schießbude und stundenlang beim Autoskooter. Beim Taumler war immer die Attraktion, wenn wieder Betrunkene dabei waren, die dann immer runtergerutscht sind und dann mit einer Verwarnung heimgeschickt wurden.« Schön fand die Ministerin, dass die Wiesn gleich groß geblieben ist und viele einheimische Schausteller dabei sind. »Die Käthe«, fügte Hohlmeier an, »ist immer noch bei uns.«

September 2003

Herzlich gelacht hat Oberbürgermeisterin Gabriele Bauer, als ihr der Wiesnigel den ersten Witz über sie hinterbrachte. Kurz nach der für sie erfolgreichen Oberbürgermeisterwahl hätten sich zwei Wasserburger auf der Innbrücke getroffen und der eine den anderen gefragt: »Hast scho glesn, dass z' Rousnam a Frau als Oberbürgermeister gwählt ham?« – »Ja, wos denn – a Schwarze oder a Rote?« – »Naa, a Blonde ...«

September 2003

Foto: Franz Ruprecht

»**Wie steht's denn mit der Eingemeindung** von Rosenheim?«, wollte der Wiesnigel beim Bürgermeistertreffen, zu dem der Wirtschaftliche Verband in die Auerbräu-Festhalle eingeladen hatte, vom Kolbermoorer Bürgermeister Peter Kloo (Mitte) wissen. »Des is ganz oafach«, so das Stadtoberhaupt von Rosenheims Nachbarstadt, »a Kolbermoorer heirat' einfach de Rousnama Oberbürgermoasterin z'samm, na is' scho' perfekt.« Die Geste von OB Gabriele Bauer (links) lässt aber auf weitere Treue zu ihrem Lebensgefährten Sebastian Bauer schließen.

September 2003

Andrea Czermak, Tochter des Rosenheimer CSU-Stadtrats Manfred Czermak, reinigt, sortiert und analysiert im

Rahmen ihrer Doktorarbeit derzeit in Vaters Doppelga-
rage die Gebeine von rund hundert Skelettfunden aus
dem siebten Jahrhundert nach Christus, die bei Ingol-
stadt gefunden wurden. Czermak, im Flötzinger-Festzelt
vom Wiesnigel auf den Fortgang der Arbeiten der 28-
jährigen Diplom-Biologin angesprochen, meinte nur:
»Is' halt für des Madl a rechte Knochenarbeit ...«

September 2003

Kuriosa und Schlusslichter

Manchmal hat der Wiesnigel Glück und erwischt besonders Kurioses auf der Wiesn; öfter werden ihm auch Geschichten hinterbracht. Darüber ist er natürlich besonders froh.

Aber irgendwann geht jede Wiesn zu Ende. Wer ehrlich ist, muss feststellen, dass jedes Vergnügen auch anstrengende Seiten haben kann. In diesem Fall kann es nach Wiesnschluss auch die Waage zu Hause sein, die höheres Gewicht vermerkt. Trotzdem: Die nächste Wiesn kommt bestimmt und wird, je länger die letzte Wiesn her ist, umso sehnlicher erwartet. Schließlich trifft man nirgendwo so viele Bekannte auf einem Fleck wieder wie beim Herbstfest – spätestens nach einem Jahr.

Foto: Hendrik Heuser

Offensichtlich aus nördlichen Gefilden kam dieser Wiesnbesucher, der gestern Mittag, nur mit Badehose bekleidet, übers Herbstfest spazierte. Besonders Trachtler fanden diesen Aufzug schon sehr gewöhnungsbedürftig. Aber vielleicht hat der Wiesnfan sein letztes Hemd hergegeben, um nach Rosenheim zu fahren?

September 2000

»Dieser Schnappschuss war der Hammer«, amüsierte sich Ina Wolfbeisser über das Abbild eines nur mit Bermudas und Sandalen bekleideten Wiesnbesuchers. Sie klebte es sich hinter die Kasse des »Pizza-Machers«, wo die zwanzigjährige Rosenheimer Abiturientin jetzt jobbt. Der Mann war mit seinen vier Kindern viermal vor dem

»Pizza-Macher« vorübergegangen. Die Standinhaberin, Hertha Fahrenschon, musste sich vor Lachen über den spärlich bekleideten Wiesngast, den »Fast-Flitzer«, gar hinsetzen. »Vielleicht ist er ganz nett, schließlich hat er vier Kinder«, mutmaßte die Ina.

September 2000

»**Heureka**« – »**Ich hab's gefunden**« – so rief, nein, nicht Herr Sauerbrot (»Heißa, meine Frau ist tot«), sondern Archimedes, als er das Gesetz des spezifischen Gewichts entdeckt hatte.

»Heureka« werden auch die Brauer und Marketing-Manager der Königsbacher-Brauerei in Koblenz gerufen haben, denn sie haben ein Bier-Gelee in drei Geschmacks-richtungen auf den Markt gebracht: als »Pils-Gelee« mit typisch mild-hopfigem Aroma, als »Alt-Gelee« nicht ganz so herb, dafür dunkel, sowie als »Export-Gelee« stark und frisch mit vollwürzigem Geschmack, so die Verlautbarung der zum Karlsberg-Verbund Homburg gehörigen Ko-blenzer Brauerei.

Das könnte das Rosenheimer Herbstfest revolutionie-ren. Wir bestellen nur noch eine große Brezn mit etwas Butter und streichen dann »Wiesnmärzen-Gelee« drauf. Die Bedienungen haben nicht mehr so schwer zu tragen, die Spüler viel weniger Arbeit. Das Zuprosten wird viel leiser, kann aber zum »Brezn-Crash« mit Geleeflecken-

Gefahr führen. Ganz wichtig: Diese Darreichungsform von Bier hat eine viel geringere Toilettenfrequenz zur Folge; speziell die Damen brauchen nicht mehr so lange anstehen.

Bier-Gelee ist vielseitig verwendbar. Bekanntlich ist Bier gut für die Haarpflege. Und so ergeben sich Alternativnutzungen. Wem das Wiesnmärzen-Gelee der einen oder anderen Brauerei nicht schmeckt, der kann sich's immer noch in die Haare schmieren ...

September 1997

Im Bierdunst werden leicht alte Erinnerungen wieder wach: Auf einen Vorfall, der sich vor ungefähr zehn Jahren ereignete, kamen Karl Harrer und Erwin Raschbichler zu sprechen: Raschbichler war als Brauereivertreter zur Justizvollzugsanstalt Bernau gefahren, um über ein mögliches Geschäft zu verhandeln. Nicht nur, dass daraus nix wurde – der Brauereimann konnte die Gefängnismauern auch nicht mehr verlassen. Am Tor erwartete er zwar ganz selbstverständlich, dass ihm aufgemacht würde, jedoch umsonst. Und als er auf die Frage, was er denn wolle, auch noch »Raus halt« antwortete, blieb das Tor erst recht zu: »Des wollen s' alle«, meinte der Wärter und schickte Raschbichler noch einmal ins Büro zurück ...

August 1984

Zwei nicht mehr ganz nüchterne Männer und eine Ehefrau, die am Nebentisch saßen, wurden von Ignaz belauscht: »... und wo ist deine Frau?«, fragte die Dame am Tisch. »Du könntest sie doch wenigstens einmal abends auf die Wiesn mitnehmen.« Der Gefragte, derzeit offensichtlich nicht gerade im besten Verhältnis mit seinem Ehegesponst: »Die hockt daheim. Die hat die Möbel mit in die Ehe gebracht, soll sie auch drauf aufpassen ...«

September 1992

Von dem Phänomen, dass Anzüge bei Dunkelheit einlaufen können, hatten die Rosenheimer Herrenoberbekleidungs-Fachleute Paul Adlmaier und Simon Mayerhofer noch nicht gehört. Wiesnigel Ignaz erklärte es ihnen in Helli Esters Nach-Wiesn-Treff im Maero-Hof: Wenn man sich vor der Wiesn einen Anzug kauft, ihn in den Schrank hängt und dann nach der Wiesn anziehen möchte, kann es passieren, dass er auf einmal zu eng ist. Und das kann ja nur von dem Dunkel-Phänomen herrühren, meinte Ignaz.

September 2001

Foto: Stefan Trux

Damit sie die Hände zum Bedienen frei hat, ist Christine Weber aus Niederösterreich dazu übergegangen, das in Servietten eingewickelte Besteck an ihrem Busen zu bergen. Seitdem rufen die Gäste im Auerbräu-Biergarten häufiger: »Darf ich mir noch ein zusätzliches Besteck nehmen?«

September 1997

111

Beim Wiesnigel Ignaz läutete das Handy. Ein Bekannter hatte seine Nummer gewählt und gab die Parole durch: »Kommando Auerochs, high noon!« Im Klartext hatte das zu bedeuten, dass um zwölf Uhr Mittag Treffpunkt in der Auer-Ochsenbraterei sein soll. Gesagt, getan. Noch zwei Leute standen an der Ochsentheke an, wo der Wiesnigel zwei Portionen Ochsenlende, »schön rosa«, orderte. Nach einiger Zeit schob der »Spießgeselle« hinterm Tresen zwei fertige Teller mit je zwei zartrosa Lendenscheiben in Reichweite, und Ignaz streckte begierig die Arme aus. »Sorry, this is our Ochs«, sagten die beiden neben ihm – Engländer halt.

September 2003

Fußball im Fernsehen schauen – das tut dem Ignaz offenbar gar nicht gut. Als der Wiesnigel nach einem weiteren kräftezehrenden Recherche-Abend auf dem Herbstfest am Morgen danach reichlich wiesnzersplittert die Redaktion betrat und ein Kollege frotzelte, er sei an einem neuen Tiefpunkt angelangt, fuhr der Ignaz die Stacheln aus. »Tiefpunkt und nochmal ein Tiefpunkt und noch einen niedrigeren Tiefpunkt. Ich kann es einfach nicht mehr hören. So ein Käse! Das ist das Allerletzte, muss ich sagen.« Ein zweiter Kollege: »Wir haben früher auch mal einen Mist-Splitter abgeliefert. Aber dann folgten zehn Highlights am Stück.« Der Igel: »Also, die zehn überragenden Splitter nach dem schlechten Streiflicht, die hätte ich gerne mal gelesen. Das muss wohl gewesen sein, bevor das Wiesn-Märzen erfunden wurde. Ich stelle mich vor meine Splitter. Mir da immer einen reinzuvöllern, das ist das Allerletzte! Dieser Käse, der immer gelabert wird, ich kann das alles nicht mehr ...« – Mensch, Rudi, Entschuldigung, Ignaz, oder besser: Was erlauben Igel?

September 2003

Der nicht isolierte und deswegen feuchte Gewölbekeller unter dem Rosenheimer Rathaus soll irgendwann einmal, wenn wieder Geld in den Kassen ist, so restauriert werden, dass man ihn zumindest für interne Zwecke nutzen kann, schlug Oberbürgermeisterin Gabriele Bauer ihrem Baudirektor Dr. Günther Antusch bei einem Gespräch in der Auerbräu-Festhalle vor. Das wäre doch ein Thema für eine Diplomarbeit an der Fachhochschule, meinte Bauer weiter.

Der Wiesnigel, der vor Jahren in dem Keller seinen Winterschlaf zugebracht hatte, regte an, dort verschiedene Nutzungen unterzubringen: ein Wellness-Center für die Verwaltungsbeamten, einen Zweigbetrieb des »Café Bauer« aus Haidholzen sowie das städtische Weinlager und ein entsprechendes Verkostungsstüberl für den Zweiten und Dritten Bürgermeister, Metzgermeister Anton Heindl und den Antennenschüsselfabrikanten Professor Dr. Anton Kathrein. Möglicher Name: »Zu den Wurstschüssel-Tonis«.

September 2003

Wie der Inhalt dieser beiden Maßkrüge neigen sich das Herbstfest und die fünfte Jahreszeit langsam, aber sicher dem Ende zu – ein trauriger, aber unvermeidlicher Anblick.

September 2001

Erfreut registrierte der Wiesnigel am Samstagabend beim Gang durch das Flötzinger-Festzelt, dass ihm Bekannte aufmunternde Parolen wie »Durchhalten!« zuriefen und den Daumen hochhielten. CSU-Stadtrat Udo Satzger fragte, ob der Wiesnigel nicht mal einen Tag Pause machen dürfe. »Nein«, meinte der Ignaz, »bin ich denn hier, um Coca-Cola oder aber Wiesnmärzen zu trinken?« Jetzt, wo die Wiesn zu Ende ist und der Wiesnigel fast Leber und Leben für unsere Leser gegeben hat, erinnert er sich an einen alten Spruch eines Kollegen: Es gibt auch ein Leben nach der Wiesn ...

September 2003

Aus is', ab'baut werd – pünktlich ab elf Uhr fuhren in der Nacht zum Montag aus allen Himmelsrichtungen riesige Sattelschlepper gelb blinkend auf die Rosenheimer Wiesn zu. Fleißige Hände begannen, das auseinander zu bauen, was zusammengehört, um Leute auf den Kopf zu schwenken und dabei noch im Kreis herumzuschleudern. Die letzte Wiesnmaß war ausgetrunken, der letzte Steckerlfisch und das letzte Hendl verzehrt.

Pünktlich stellten sich gestern Mittag auch nach langer Abwesenheit wieder erste Sonnenstrahlen ein, eine Beigabe, die Wiesnbesucher heuer schmerzlichst vermisst haben. Zwar gab es Unentwegte, die zwischen zwei Regenschauern sogar draußen saßen, aber sie taten es wohl weniger aus Lust denn aus Notwendigkeit, da in den beiden Biertempeln kein Platz mehr war. Diese Freiluft-Maßkrugheber brauchten dabei nicht auf ihre Garderobe zu achten, da sie eh nix abzulegen brauchten. Man trug wahlweise Lederjacke oder gefütterten Anorak.

Bei einigen Herbstfestgehern gärte es unter den Regenschirmen. »Warum findet das Herbstfest eigentlich immer im Winter statt?«, fragten sie sich.

Könnte es nicht, wie in München auch, zusätzlich ein Frühlingsfest geben? Aber nicht im April, wenn's schneit, sondern lieber im Mai. Bei zwei Festen im Jahreslauf bestünde gegenüber nur einem rein statistisch eine doppelt so hohe Chance, dass zumindest ein Fest nicht ganz verregnet ist.

Geben wir es zu: Unser Wetter ist halt unberechenbar. Aber solange die Dächer der Festzelte und -hallen dichthalten, fühlen wir uns auch auf einer nasskalten Wiesn geborgen. Und wer trotz schlechten Wetters ein Fahrgeschäft aufsuchen wollte, der war beim »Wildwasser« richtig aufgehoben – woher das Wasser spritzt, ist dann eh schon wurscht.

Immerhin hat der Ansturm gezeigt, dass sich ein Rosenheimer auch von widrigen Umständen nicht vom Besuch der Wiesn abhalten lässt. Der Spruch, dass man Feste feiern soll, wie sie (ins Wasser) fallen, hat sich erneut als zutreffend erwiesen. Und so blicken wir schon voraus auf die nächste Rosenheimer Wiesn und wünschen uns, dass der Schirmherr dann zur Eröffnung mal ohne seinen Parapluie auskommt.

September 1996

Das Herbstfest ist vorbei – es beginnt die Zeit der guten Vorsätze. Vermutlich bin ich nicht der Einzige, dem die Wiesn umfangreich zugesetzt hat, denn überall sehe ich den Verbrauch an Mineralwasser zu ungeahnten Höhen aufsteigen, den Kursanstieg des Dollars weit hinter sich lassend. Diese »Wasser-Hausse« gründet sich dem Vernehmen nach auf eine weit verbreitete, starke Nachfrage nach Gewichtsverminderung.

Über fünf Kilo mehr hat mir das Herbstfest rundum beschert. Meine Waage wagte es, mit ihrem Besitzer in den dreistelligen Kilogramm-Bereich vorzudringen! Einige böse Zungen in meinem Bekanntenkreis erdreisten sich tatsächlich, meinen Vornamen mit dem Adjektiv »g'wampert« zu verbinden. Kann man so etwas in diesem unseren sportlichen Lande auf sich sitzen lassen? Nein, das kann man nicht, sagte ich mir. Und überhaupt, wenn bald wieder die Hallensportsaison losgeht – ich kann doch mein Wiesn-Geschwür nicht dauernd unterm Trainingsanzug verstecken.

Also: Ab jetzt wird abgenommen. Servus, ihr Hendl, Steckerlfisch, Schaschlik, Cevapcici; servus auch ihr mittags am Grünen Markt lockenden Weißwürstl: Das Unternehmen »Adonis« ist angelaufen! Der Kühlschrank ist zu einer leeren Eishöhle verkommen, nur ein paar Flaschen Mineralwasser rechtfertigen noch seinen Betrieb. Kein Alkohol, lautet die Devise, denn Alkohol erzeugt Appetit, habe ich gelesen.

Aber damit ist das Programm noch nicht komplett. Gegen den inneren Schweinehund, der in meinem Fall irgendwo zwischen Gaumen und Magen sein derzeitiges

Revier hat, habe ich noch eine heimtückische Abschreckung aufgebaut: Da, wo ich meine Spaghetti, den letzten Notanker meines Haushalts, aufbewahre, hängt ein Bild aus der Zeitung. Es zeigt einen Mann, der wohl zurzeit den Gewichts-Weltrekord hält. Der Anblick dieses überquellenden Fleisch- und Fettberges auf zwei Beinen lässt jeden Appetit im Nu vergehen.

September 1984

Knapp eine Woche ist es her, dass das Rosenheimer Herbstfest nach einem letzten »Ein Prosit der Gemütlichkeit« endete. Es war, begünstigt von erstklassigem Wetter, wieder ein großer Erfolg mit über einer Million Besuchern.

Zum ersten Mal auf dem Herbstfest waren auch die Fernsehkommissare aus der Serie »Die Rosenheim-Cops«. Die Schauspieler Markus Böker und Joseph Hannesschläger, beide gebürtige Münchner, ließen wissen, dass sie zumindest abends das Rosenheimer Herbstfest der heute startenden Münchner Wiesn wegen seiner Ursprünglichkeit und familiären Atmosphäre vorzögen.

Das in München für alle Bierfetischisten dieser Welt vermarktete »Seppltum« hat in etlichen Orten der Welt Filialen. In den USA, Brasilien oder auch Japan werden »Oktoberfeste« mit eigenen »Trachtlern« in oft fragwürdiger Bekleidung und »Oom-pah-pah«-Musik gefeiert.

119

Hin und wieder reisen bayerische Trachtler- und Musikgruppen an, um dort Entwicklungshilfe zu leisten.

Bei einem Besuch in der spanisch-baskischen Stadt Bilbao – der mit dem tollen Guggenheim-Museum von Frank Gehry – stieß ich, müde und durstig vom vielen Herumlaufen, auf die Gaststätte einer Münchner Großbrauerei. Während ich mir den kühlen Gerstensaft munden ließ, musterte ich die im bayerischen Wirtshausstil gehaltene Einrichtung der Gaststätte mit Alt-Münchner Reklameschildern, diversen Bierkrügen und dem, was sonst so üblich ist.

Am interessantesten waren aber die beiden großflächigen Wandbemalungen. Das eine Motiv zeigt einen gähnend leeren Marktplatz, der an Gemälde des metaphysischen Malers Giorgio de Chirico erinnert, der in München studierte und wesentliche Eindrücke von der Hofgartenarchitektur in seinen Bildern verarbeitete. Inmitten des Platzes tanzt eine Gruppe Trachtler einen Schuhplattler, als ob sie in einer Kulisse probten.

Das andere Wandgemälde zeigt eine Thekenszene. Eben jene Trachtler, des Plattelns wohl müde, stärken sich, lässig an der Theke stehend und von einer blond bezopften Tresenkellnerin bedient, mit frischem Bier und prosten sich zu – aber aus Maßkrügen. Darüber prangt der Spruch: »Ein Frohsinn der Gemütlichkeit«.

September 2002

Aus is'! Auch der Wiesnigel hat Bilanz gezogen und formuliert seine Wünsche für die nächste Wiesn: An erster Stelle steht natürlich ein stabiler Bierpreis. Da es ihm mehrfach passierte, dass er sich an einem Radler vergriff, weil Märzen und Radler sich farblich fast nicht unterschieden, hofft er auf einen etwas dunkleren Märzensud. Als Alternative zu den Bierburgen wünscht er sich eine beschauliche Weinwirtschaft zum Hinsetzen bei Stubn- und Schrammelmusik. Dann hofft er, dass in beiden Biertempeln die Kapellen ihre Lautsprecher wieder etwas leiser einstellen, vielleicht überprüft von einem Warngerät nach Machart der Tempo-Messanlagen mit Anzeigetafel: »Sie spielen jetzt mit 110 Dezibel.« Den Flötzinger-Biergarten findet er gegenüber dem vom Auerbräu noch etwas schmucklos und empfiehlt gutes Düngen der Baumsetzlinge. Und beim Auerbräu dürfen 2004 die Garnituren an der Wandseite der Boxen wieder ein bisserl weiter auseinander stehen – damit der Igel seine barocke Wampn dort besser unterbringen kann ...

September 2003

Epilog

Natürlich konnte diese Auswahl von Wiesn-Streiflichtern weder proporzgerecht noch repräsentativ sein – schließlich war die ganzen Jahre der Wiesnigel Ignaz für das Oberbayerische Volksblatt in vielerlei Gestalt auf dem Herbstfest im Einsatz. Nur sofern er als Hendrik Heuser unterwegs war, hat er diese Auswahl aus dem großen Panoptikum dieses herrlichen, jährlich wiederkehrenden Festes hier wiedergeben können – und er wollte sich auch nicht mit fremden Stacheln schmücken. Er hat tunlichst vermieden, sich derer zu bedienen; sollte die eine oder andere wider besseres Wissen hereingerutscht sein, so bittet er die Kollegen um Vergebung, ist sich aber ziemlich sicher, dass alles bis auf zwei bewusste Fälle »sortenrein« ist. OVB-Reporter Ludwig Simeth, gestrenger Organisator des 2003 erfolgten Wiesn-Alkotests, ist sowohl der Urheber der noch folgenden in Zahlen gefassten Wiesnübersicht von 2003 am Ende des Büchleins als auch der Verfasser des Beitrages, der mit »Was erlauben Igel« endet.

Dank möchte ich sagen meiner Lebensgefährtin Silvia Gilg, die, ein Kind aus der umfangreichen OVB-Familie, schon als Gymnasiastin in der Zeitungskorrektur arbeitete und heute noch nichts von ihrem scharfen Blick beim Durchlesen der Texte verloren hat. Ferner danke ich auch der Damenriege des Rosenheimer Verlagshauses, die dieses Werk lektoriert hat: Anna Bochniak als umsichtige Ordnungskraft meiner Beitragssammlung und Dagmar Becker-Göthel als leitende Aufsicht der Wiesnreporter-Ergebnisse. Sodann auch Uta Lampe als gutem Geist des Rosenheimer Verlagshauses für frühere und hoffentlich auch zukünftige gute Betreuung von Projekten. Und schließlich danke ich demjenigen, der überhaupt die Idee zu diesem Buch hatte: meinem langjährigen, vom Jazz befeuerten Freund und Buchverleger Klaus Günter Förg – keep book-swinging!

Hendrik Ignaz Heuser-Igel

Das Herbstfest in Zahlen

1861 wurde das erste Herbstfest in Rosenheim gefeiert. Seitdem hat es zwar nicht jedes Jahr stattgefunden, denn Kriegs- und Notzeiten machten es in diesem langen Zeitabschnitt öfter unmöglich, ein solches Fest zu organisieren.

In seinem 141. Jahr wurde das Fest erstmals wissenschaftlich untersucht. Die beiden Rosenheimer Betriebswirtschaftstudentinnen Tanja Vodermayer und Barbara Tremel haben im Rahmen einer repräsentativen Umfrage über 2000 Personen befragt und über 250 000 Daten gesammelt und ausgewertet. Der Wirtschaftliche Verband wacht ebenfalls über die Zahlen »seiner« Wiesn.

Rund 1,2 Millionen Besucher zieht das Herbstfest Jahr für Jahr an. Rund 15 000 von ihnen finden gleichzeitig Platz in den beiden Biertempeln von Auerbräu und Flötzinger. Wenn die beiden Kapellen, die seit Jahren auf der Wiesn tonangebend sind – die »Dreder Musi« im Flötzinger-Festzelt und die Großkarolinenfelder Blas-

musik in der Auerbräu-Festhalle – ein »Prosit der Gemütlichkeit« intonieren, fließen in dem Moment 1500
Liter Bier durch die Kehlen, wenn beide Bierburgen voll
besetzt sind und jeder Wiesnbesucher eine Zehntel-Maß
trinkt.

775 Kunden besuchen im Schnitt jeden Wiesnstand
und jedes Fahrgeschäft pro Tag.

241 Bedienungen sorgen in den beiden Bierresiden-
zen für das Wohl der Bierfreunde – 120 in der Auerbräu-
halle und 121 im Flötzingerzelt. Laut Umfrage besuchen
65 Prozent der Rosenheimer die Wiesn, die in ihren An-
fängen landwirtschaftliches Bezirksfest und lokale In-
dustrieschau war. Im Gründungsjahr des Festes hatte der
Markt Rosenheim erst 5000 Einwohner; drei Jahre später wurde er von König Ludwig II. zur Stadt erhoben.
2003 waren 64 Schausteller auf dem größten südost-
oberbayerischen Volksfest vertreten. Eines seiner Wahr-
zeichen ist das 55 Meter hohe Riesenrad. Der Besucher
lässt sich im Durchschnitt einen Herbstfestbesuch 32,50
Euro kosten, Tagestouristen aus dem Umland geben sogar knapp 42 Euro aus. Um 23 Uhr ist allerdings täglich
Schluss mit dem Ausschank; die Fahrgeschäfte dürfen
dann noch ohne Musik bis 23.30 Uhr weitermachen.

16 Tage dauert das Herbstfest. Es beginnt immer am
letzten Samstag im August. 14 Maß Bier trägt manche
Bedienung, wenn sie von der Schänke zu ihren Gästen
aufbricht – das sind samt Glaskrügen rund 28 Kilo-

gramm. Das Wiesnmärzen der beiden Brauereien enthält 13,5 Prozent Stammwürze. Der Alkoholgehalt lag 2003 bei 5,8 Prozent beim Flötzinger-Bier und 5,6 Prozent beim Auerbräu. Jeder Herbstfestbesucher hält sich durchschnittlich 3,6 Stunden auf der Wiesn auf und gibt im Schnitt an einem Stand oder Fahrgeschäft 3,15 Euro aus.

Seit der Jahrtausendwende gibt es auch eine »Miss Herbstfest«, die alljährlich gewählt wird, um die Wiesn würdig zu repräsentieren – was den beiden bisherigen Protagonistinnen, Sabine Dörrer und Lisa Artmann, glänzend gelungen ist.